Melanie Schölzke

Die Lebenskunst der Älteren

Melanie Schölzke

Die Lebenskunst der Älteren

Was wir uns von ihnen
abschauen können

KREUZ

MIX
Papier aus verantwor-
tungsvollen Quellen
FSC® C083411

© KREUZ VERLAG
in der Verlag Herder GmbH, Freiburg im Breisgau 2015
Alle Rechte vorbehalten
www.kreuz-verlag.de

Satz: de · te · pe, Aalen
Herstellung: CPI books GmbH, Leck

Printed in Germany

ISBN 978-3-451-61318-0

Inhalt

Einleitung

Von Großeltern, Wohlbefindenszugewinnen und der Kunst fortgeschrittener Lebensjahre

Ich erinnere mich noch, als ich klein war und dachte, dass alle Menschen ihre Zähne herausnehmen könnten. Weil ich bei meinen Großeltern aufgewachsen bin, erschien mir das als Norm. Bei mir passte jedoch offensichtlich etwas nicht mit meinem festsitzenden Gebiss. Doch meine Großeltern klärten es auf und so war mein Alltag geprägt durch eine Fusion von Jugend und Alter.

Meine Großeltern leben nicht mehr. Doch es ist viel geblieben. Eindrücke, Erlebnisse und Erfahrungen – reichlich Persönliches. Und auch viel, was darüber hinausgeht. Gedanken. Fragen. Und ein Studium. Zwar habe ich schon einen Abschluss als Soziologin und habe jahrelang als Verlagslektorin gearbeitet, aber nun studiere ich wieder: Gerontologie, also Alternswissenschaft. Denn die fortgeschrittenen Lebensjahre sind auf ausgesprochene Weise interessant.

Wie ist es zum Beispiel möglich, dass die meisten Menschen in der zweiten Lebenshälfte Wohlbefindenszugewinne haben und zufriedener mit dem Leben sind als in ihren jüngeren Jahren? Und warum strahlen Hochbetagte häufig eine unvergleichliche Wärme und Güte aus? Im jungen und mittleren Alter fürchten wir die Verluste des hohen Alters so sehr – die chronischen Erkrankungen und die Abbauprozesse. Doch in der Realität des Lebens scheint all dies weitaus weniger relevant zu sein, als wir es uns vorstellen.

In den sogenannten Heidelberger Hundertjährigen-Studien haben sich Wissenschaftler die gesundheitliche Situation, das Wohlbefinden und die Lebensstrategie von Menschen angesehen, die Geburtstage im dreistelligen Bereich feiern. Da hat sich herausgestellt, dass die befragten Hochaltrigen in ganz besonderem Maße psychische Stärke kennzeichnet. Von wegen Altersschwäche – ein ausgeprägter Lebenswille und eine optimistische Haltung sind das Geheimnis der Menschen, die überdurchschnittlich alt werden. In Sachen psychischer Widerstandskraft und Lebensmanagement kann man einiges von Älteren lernen.

Ja, es interessiert mich zutiefst, warum so viele ältere Menschen so viele Lebensdinge ausgesprochen gut hinbekommen. Denn das tun sie. Und daher habe ich für dieses Buch wissenschaftliche Erkenntnisse, persönliche Erfahrungen und Anekdoten von Prominenten und Nichtprominenten aufgeschrieben – die »Lebenskunst der Älteren« eben.

Gedacht ist das Buch für alle. Auch für Lebensfortgeschrittene selbst. Es ist spannend, was die Forschung über ihre Lebensphase herausfindet. Zudem ist es nie verkehrt, sich selbst noch ein Stück besser zu verstehen.

Befruchtend ist die »Lebenskunst der Älteren« aber natürlich besonders für diejenigen, die sich in jüngeren und mittleren Lebensjahren inspirieren lassen wollen. Ich kann aus meiner Lebensgeschichte heraus sagen, dass es viel abzuschauen gibt. Dazu kommt die wissenschaftliche Feststellung, dass Ältere im Wohlbefindensvergleich die Nase vorn haben.

Trotz körperlicher Abbauprozesse legen Menschen in der zweiten Lebenshälfte in Sachen Zufriedenheit zu, und zwar durch ein einfaches, aber plausibles Konzept: Sie fördern vermehrt das, was ihnen guttut, und reduzieren das, was der Zufriedenheit schadet. Oder wie es der Dramatiker Oscar Wilde gesagt hat: »Dies ist das Geheimnis der Lebenskunst: Gehe jedem Gefühl aus dem Weg, das dir nicht zuträglich ist.«

Dass Ältere nun mehr auf ihr Wohlbefinden achten, hat insbesondere mit einem geschärften Bewusstsein für das knappe Lebensgut Zeit zu tun. Denn das verändert sich deutlich, wenn das gelebte Leben länger ist als die vermutete Zukunft. Dieser Bewusstseinswandel ist ein Prozess und findet langsam und Stück für Stück statt. Immerhin beginnt Alter ja nicht plötzlich an einem Umschlagepunkt, sondern man wächst hinein. Alter ist das Ergebnis von Leben. Es bietet eine eigene Perspektive aufs Dasein. Eine lebenserfahrene und lebenskluge Perspektive. Früher galten Ältere deswegen auch als die Weisen der Gesellschaft. Heute ist es allerdings so, dass Ältere von Jüngeren eher mit Bedauern und Mitgefühl betrachtet werden. Eine Freundin hat das Alter mal als die Phase des Lebens definiert, in der die Beileidsbekundungen ein kritisches Maß überschreiten.

»Ganz persönlich bin ich zufrieden mit meinen 60 Jahren. Wo es wirklich aneckt, ist, wenn das Kollektive mit reinkommt. Und das Kollektive ist leider eine Abwertung der Älteren und des Altseins. Nur das Junge ist richtig und wichtig. Damit geht es mir nicht immer gut. Wenn man die 50 erst einmal überschritten hat, hört man plötzlich Sachen wie: ›Ach, so alt bist du schon? Oje.‹ Und ich denk mir: ›Das Oje, das hättet du dir jetzt sparen können.‹ Diese Beileidsbekundungen, die brauch ich nicht. Das hat alles, im Schwäbischen würde man sagen: so ein Geschmäckle. Von dem Geschmäckle mal abgesehen geht es mir super, Melanie. Die persönlichen Dramen haben abgenommen. Das ist wirklich Reife, die mit Erfahrung zusammenhängt. Mit einem höheren Selbstwertgefühl. Ich bin viel unabhängiger geworden von dem, was sich außerhalb meiner Person abspielt. Ich bin viel mehr bei mir selbst. Das genieße ich sehr.« Trotz all der Beileidsbekundungen scheint das Leben in der zweiten Lebenshälfte etwas Besonderes zu haben. Reife, Erfahrung, Unabhängigkeit. Es klingt nach einem schönen Lebensgefühl. Man könnte auch von Lebenskunst sprechen.

Tatsächlich ist es so, dass das sechste Lebensjahrzehnt ein nachhaltiges Umschwenken mit sich bringt. Man wird sensibler, fokussiert sich. Beruf und Familie erfahren Veränderungen in ihrer Gewichtigkeit, werden zunehmend eher Elemente der Vergangenheit als der Zukunft. Sinnfragen treten auf, nicht nur, aber auch, weil die persönliche Energie knapper wird und die Endlichkeit gewahrer. Gelassenheit und Besonnenheit entwickeln sich als Energiesparprogramme. Meine Freundin hat diese Eigenschaften einmal als Seelenruhe bezeichnet. Was für ein Sehnsuchtswort.

In diesem Buch ist der Begriff »Alter« in all seinen Spielarten und Wortstammbedeutungen für diejenigen reserviert, die jenseits der 50 Jahre genau diese fabelhaften Fähigkeiten ausbauen. Doch das ist speziell die Bestimmung für dieses Buch, die sich am Wolhbefindenszugewinn festmacht, und keine allgemeingültige Auslegung von Alter. Denn eine solche verbindliche Eingrenzung von Alter gibt es nicht, das Altersverständnis ist äußerst vielfältig und kaum zu greifen. Das fängt schon an, wenn man versucht, Altern äußerlich zu bestimmen. Der weltberühmte Berliner Altersforscher Paul Baltes hat das mit einem Beispiel einmal schön illustriert: Während man bei 15-Jährigen das Alter ziemlich genau erkennen kann, ist das bei 65-Jährigen ein unmögliches Unterfangen. Bei einem Klassentreffen wirken manche 65-Jährige, als seien sie ihr eigener Vater, andere, als seien sie ihr eigener Sohn.

Ja, Alter ist relativ und je genauer man auf die Begriffsverwendungen von »Alter« schaut, umso weniger hat man in der Hand: Leistungssportler sind oft schon mit 30 Jahren alt, Richter am Bundesverfassungsgericht sind dagegen mit 40 Jahren jung, sie dürfen das Amt überhaupt erst ab diesem Alter ausüben. Wenn sich Forscher allerdings ganz allgemein mit alternden Belegschaften beschäftigen, beginnen sie die Betrachtung bei 40-Jährigen – Angestellte scheiden ja spätestens mit 65 aus dem Erwerbsleben aus. Nach einer häufigen allgemeinen Vorstellung von Alter wird dieses ab 65 Jahren beginnend gesehen, weil hier der große Einschnitt der Verrentung zu verorten ist – ab da leben Menschen gehörig anders als zuvor. Manche gehen aber eher nach gesundheitlichen Einschränkungen als nach sozialen Veränderungen und benutzen die Bezeichnung Alter erst, wenn sich der Körper nachhaltiger verändert. Also ab rund 75 Jahren.

Weil es mit dem Alter nicht unkompliziert ist, wird manchmal auch mit Graustufen gearbeitet, um es zu definieren. Die Weltgesundheitsorganisation unterteilt zum Beispiel in alternde Menschen (51 bis 60 Jahre), ältere Menschen (61 bis 75 Jahre), alte Menschen (76 bis 90 Jahre) und sehr alte Menschen (91 bis 100 Jahre).

Aber in diesem Buch ist der lebenskünstlerische Umgang das entscheidende Kriterium für Alter. Und dementsprechend geht es um die Zeit ab 50 Jahren, die geprägt ist durch neue Perspektiven aufs Leben und durch clevere Lebensmanagementprogramme in Sachen Energie und Zufriedenheit. Oder um es mit dem amerikanischen Filmschauspieler Jack Nicholson zu sagen: »Älter werden heißt auch besser werden.« Für das Wohlbefinden stimmt das allemal. Das bestätigt die U-Kurve des Glücks, die ich Ihnen im ersten Kapitel vorstellen werde. Darin gibt es auch einen kurzen Vorausblick auf die Inhalte der folgenden Kapitel. Wer sich nicht durch die Glückskurve dorthin führen lassen, sondern lieber vorab den roten Faden sehen möchte, der gehe gleich einmal zur Seite 22 zum Abschnitt »Ein Vorausblick auf die Lebenskunst der Älteren«.

Die U-Kurve des Glücks

Vom Tal des Lebens zum Gipfel gehen

Ein 45-jähriger Mann kommentierte mein Vorhaben, ein Buch über die Stärken des Alters zu schreiben, so: »Ein Buch soll das werden? Da reicht doch eine Broschüre aus. Oder ein Flyer!«

Tatsächlich gibt es sie, die Krise in der Mitte des Lebens. Das Hadern, wenn man im Alter 40plus das eigene Älterwerden nicht mehr wegbeteuern kann. Weil die Haare grau werden, der Körper fülliger wird, manche Gelenke anfangen zu schmerzen. Es finden sich tausend Spielarten, wie sich die Erkenntnis in das Leben schleicht: Jetzt gehöre ich nicht mehr zu den Jungen. Und es finden sich tausend Arten, darauf zu reagieren. Aber typischerweise kennzeichnet die Reaktion eines, wenn sie von Personen mittleren Alters kommt: Sie ist verhalten, gedämpft, negativ.

Viel belächelt wird die Midlife-Crisis, Fakt ist allerdings: Befragt man Menschen unterschiedlichsten Alters nach ihrem Wohlbefinden, erhält man eine U-Kurve des Glücks. Zwischen 35 und 50 befinden sie sich im Tal des Lebens, vorher und nachher sehen sie die Dinge positiver.

Tiefpunkte im mittleren Lebensalter

In Europa liegt der durchschnittliche Tiefpunkt in Sachen Lebenszufriedenheit bei 46 Jahren. Der 45-jährige Mann, den ich eingangs erwähnt habe – der, der die Stärken des Alters für sehr übersichtlich hält –, vertritt ganz prototypisch die mittlere Lebensphase. Aber woher kommen die Zweifel eigentlich genau? Immerhin stehen den grauen Haaren, dem Bauchansatz und den ersten Falten im Gesicht ja auch gehörig viele Vorteile genau dieses Lebensalters entgegen.

In der Lebensmitte haben die Menschen oftmals schon so vieles erreicht. Sie sind beruflich gefestigt, materiell gut abgesichert. Führungspositionen werden gerne mit Menschen genau dieser Altersgruppe besetzt. Typischerweise gibt es eine Partnerschaft und Familie, und bei nicht wenigen runden Hund, Haus und Garten das Idyll ab. Personen im mittleren Alter kann man fragen: »Habt ihr nicht all das, was ihr die ganze Zeit angestrebt habt? Warum seid ihr nicht zufrieden?« – »Ja, ich weiß, eigentlich habe ich alles. Aber lohnt sich das auch?« – so und ähnlich lauten die Antworten, die man von den Krisengebeutelten erhält.

Eine Mittvierziger-Freundin hat mir erzählt, dass sie nun zwar das besitzt, was sie immer haben wollte. Nur würde es aber mehr und mehr zur Belastung werden. Der berufliche Erfolg, der sie so viel Lebensenergie kostet. Die Erwartungen, dass die Karriere weitergeht. Die Verpflichtungen durch das Haus. Manchmal, da hätte sie richtige Aussteigerfantasien. Vielleicht würde etwas anderes ja besser zu ihr passen. Und zu ihrer Familie auch.

Es sind in gewisser Weise also die alten Fragen der Menschheit, die meine Freundin in der Lebensmitte umtreiben. Was ist gutes Leben? Worum geht es? Worauf kommt es wirklich an? Und gerade weil sie hat, was sie immer anvisierte, stellen sich die Fragen: Welche Ziele tragen überhaupt? Was macht zufrieden? Wie bleibt man zufrieden bei abnehmenden Ressourcen? Denn freilich spielt bei ihr auch das beginnende Alter hinein. Es macht einen Unterschied, ob die vermutete Zukunft länger ist als die Vergangenheit. Mit Mitte 40 registriert man, dass man etwa bei der Halbzeit des Lebens steht. Dieser Gedanke verändert die Seele.

Warum ein Weniger oft glücklicher macht

Seit einigen Jahren boomt die Glücksforschung und die bestätigt, dass viel Haben und viel Lebenszufriedenheit nicht miteinander Hand in Hand gehen. Die Glücksatlanten, die die Forscher kartografieren, verorten zum Beispiel die glücklichsten Menschen Deutschlands schon mal auf den kleinen Nordseeinseln, wo man beileibe nicht alles griffbereit hat. In der weltweiten Betrachtung landen einige arme Länder Südamerikas in Sachen Lebenszufriedenheit vor Deutschland. Venezuela und Brasilien beispielsweise. Was macht also zufrieden? Die Antwort darauf ist nicht so leicht zu finden, denn es ist paradox mit ihr. So paradox, dass man es fast gar nicht glauben kann.

Der Psychologie-Professor Peter Herschbach hat mit seinem Team Daten von über 10 000 Menschen ausgewertet und dabei etwas wirklich Eigentümliches ans Licht gebracht. Es gab die Auffälligkeit, dass Krebserkrankte die Qualität ihres Lebens besser bewerteten als viele Gesunde das taten. Auch die Forscher waren überrascht. Gesundheit und Zufriedenheit gelten ja seit eh und je als miteinander verbundenes Paar. Der Volksmund sagt: »Gesundheit und froher Mut, das ist des Menschen höchstes Gut.« Johann Wolfgang von Goethe: »Was nützt mir der Erde Geld? Kein kranker Mensch genießt die Welt!« Und an sich ist das ja auch plausibel. Aber eben nicht wahr.

Die Wissenschaftler fanden für die erstaunliche Tatsache, dass Menschen trotz schwerer Krankheit lebenszufrieden waren, einen möglichen Erklärungszusammenhang. Das höhere Wohlbefinden hat wohl damit zu tun, dass das Hier und Jetzt für viele zu dem wird, was zählt, wenn die Krebsdiagnose das Leben bedroht. Die Achtsamkeit für die kleinen Glücksmomente steigt. Die Intensität von Gefühlen, das Beeindrucktsein von der Welt. Der Fokus wird konzentrierter. Es ist dann sinnbildlich das Blümchen am Wegesrand, das man in seiner Schönheit bemerkt. Das Vogelzwitschern in der Früh. Oder auch der warme Sommerregen in seiner Herrlichkeit. Die Alltagsschönheiten werden entdeckt in ihrer Vielfalt. »Glück entsteht oft durch Aufmerksamkeit in kleinen Dingen, Unglück oft durch Vernachlässigung kleiner Dinge«, konstatierte Wilhelm Busch.

Es ist schon einige Jahre her, dass ich mit einem Arzt ins Gespräch gekommen bin, der die Ergebnisse der Studie von Peter Herschbach auf ganz persönlicher Ebene bestätigt hat. Er hat auf einer Krebsstation gearbeitet und empfand dies als den »bereicherndsten Beruf der Welt«. Weil die Menschen sich wandeln mit der Diagnose. Statt Status, Macht und Haben sind die Augenblicke bedeutsam. Die Beziehungen zu anderen. Das, was man sich vom Leben wünscht, und das, was das Leben bereithält.

Tieferen und intensiveren Gedankenaustausch als auf der Krebsstation gibt es wohl nirgendwo anders, war Ansicht des Arztes. Und es gebe viel Heiterkeit. Trotz des Leids. Oder vielleicht auch gerade wegen des Leids.

Das Wohlbefindensparadox des fortgeschrittenen Lebens

Man nennt es Wohlbefindensparadox, wenn sich widrige Lebensumstände nicht negativ auf das Lebensgefühl auswirken, sondern dieses sogar noch besser wird. Bei den Krebspatienten ist dieses zu finden. Und auch bei Älteren gibt es das.

Für Menschen in fortgeschrittenen Lebensjahren gilt ja: Sie sind zufriedener und fühlen sich besser als Menschen in der Lebensmitte. Und selbst Hundertjährige, die wahrlich viele gesundheitliche Einschränkungen hinzunehmen haben, bewegen sich wohlbefindensmäßig im absolut grünen Bereich. In der Zweiten Heidelberger Hundertjährigen-Studie wurde aufgezeigt, dass überragende 82 Prozent der Hundertjährigen mit ihrem Leben zufrieden sind – 46 Prozent von ihnen sind sogar sehr zufrieden. Überhaupt nicht zufrieden, so schätzte nur ein einziger der 112 Befragten seine Lage ein. Angesichts der Tatsache, dass nur einer von fünf Hundertjährigen keine

Leistungen der Pflegeversicherung in Anspruch nahm, macht sich auch hier das Gefühl breit, dass das doch paradox ist.

Gesundheit und Unversehrtheit scheinen in Sachen Zufriedenheit und Wohlbefinden von relativer Bedeutung zu sein. Körperlich – und mag es die Werbung heute tausendmal überdecken mit ihren Bildern von extrem fitten Personen 60plus – gibt es kein gelingendes Altern. Aber das macht die psychischen Mechanismen, derer sich Ältere bedienen, damit es ihnen gut geht, nur umso beachtenswerter.

Und den hadernden Mittvierzigern möchte man hier zurufen: »Schaut euch das Alter bitte genauer an. Es ist nicht euer Feind, sondern es könnte euer Lehrmeister sein. Was die Zufriedenheit anbelangt. In einigen Jahren seid ihr mehr im Einklang mit eurem Leben. Man kann sich Cleveres von Älteren abschauen – wie man glücklicher lebt. Lebenskunst. Die körperlichen Abbauprozesse beim Altern sind zwar ärgerlich, dennoch sind sie nicht das Ende. Eigentlich machen sie es noch beeindruckender, was man offensichtlich im psychischen Bereich dazugewinnen kann.«

Es lohnt sich aber auch noch aus einem weiteren Grund, wenn man sein Altersbild in jüngeren Jahren einmal auf den Prüfstand gelegt hat. Älter wird jeder, und dann ist er mit seinen eigenen Vorurteilen konfrontiert. Mit den positiven oder mit den negativen Ansichten über fortgeschrittene Lebensjahre. Und die haben nachdrückliche Wirkung, denn man wird, was man denkt.

Wer ein positives Altersbild hat, der nutzt die Chancen im Alter und erhält sich durch aktives Tun Gesundheit,

Kognition und ein positives Lebensgefühl. Bei Personen mit negativem Altersbild ist das anders. Die sehen Alternseinschränkungen als unumgänglichen Abbau. Weil Alter für sie einseitig Verlust und Verschlechterung bedeutet, verbleiben sie passiv, wie gelähmt, und vertun die Gestaltungschancen fortgeschrittener Lebensjahre. »Wer rastet, der rostet«, das gilt für diese Älteren. Doch es kommt noch schlimmer. Wer ein negatives Altersbild hat, der stirbt früher. Das hat eine Langzeitstudie der Yale University in New Haven/USA ergeben.

Mit einem guten Altersbild länger leben

Dass die Lebenserwartung auch vom Altersbild abhängt, hat die Gesundheitsforscherin Becca Levy von der Yale University herausgefunden. Dafür analysierte sie Fragebögen, die 660 Bewohner der Kleinstadt Oxford im amerikanischen Ohio 23 Jahre zuvor ausgefüllt hatten. Es ging um Altersbilder; Aussagen folgender Art wurden bewertet: »Wenn man älter wird, ist man weniger nützlich.«

Personen die in ihren Antworten ein positives Altersbild wiedergaben, lebten länger als die anderen, fand Levy bei der Analyse 23 Jahre später heraus. Sage und schreibe siebeneinhalb Jahre. Selbst Nichtraucher, die sportlich und schlank waren, schlugen im Vergleich nur ein Lebensplus von drei Jahren heraus. Mit einem guten Altersbild schafft man sich also einen ordentlichen Zeitgewinn. Daher empfiehlt es sich, sein Altersbild ab und an zu durchleuchten, es zu differenzieren und die Vorstellungen über die höheren Lebensjahre auszubauen. Für das Alter gilt wie auch in anderen Bereichen das Gesetz der sich selbst erfüllenden Prophezeiungen.

Denn wer glaubt, sein Leben in jedem Alter bestimmend in der Hand zu haben, lebt mehr nach seinen Vorstellungen. Er entwickelt sich und nimmt Gestaltungsspielräume wahr. Sei es in Sachen Körper, Geist oder Seele. Wer dagegen denkt, nichts Gutes mehr erwarten zu können, dem wird genau das blühen. Er empfindet sich allzu leicht als Spielball fremder Mächte, die ihm Energie und Gesundheit rauben. Doch statt etwas für die Verbesserung der Lage zu tun, gibt sich der Pessimist den Abbauprozessen hin. Und so werden seine Erwartungen auch nicht enttäuscht werden, getreu dem Aphorismus des bekannten Automobilherstellers Henry Ford: »Ob du glaubst, du schaffst es, oder ob du glaubst, du schaffst es nicht, in jedem Falle wirst du recht behalten!«

Von Abbau und von starken Charakteren

Ein gutes Altersbild ist ein echter Lebensjoker. Allerdings soll das Altersbild auch realistisch sein. Denn trotz aller positiven Veränderungen gilt natürlich eins: Körperlich betrachtet ist Alter ein Ärgernis. Es raubt Sehschärfe, Hörvermögen, Muskelkraft, und das Immunsystem des Körpers ist irgendwann auch nicht mehr das, was es mal war. Im Kern tragen all diese Veränderungen die Botschaft, dass das Leben ein Ende finden wird. Dass der Mensch und sein Körper nicht für die Ewigkeit gemacht sind. Jeder hat nur eine gewisse Zeit auf Erden und Alterserscheinungen weisen nachdrücklich darauf hin, dass der Tod näher rückt.

Das im Blick habend, muss man diagnostizieren: Es ist wirklich eine enorme Leistung älterer Menschen, sich befindensmäßig nach oben zu katapultieren, während Abbau spürbar wird. Und er ist im Alter spürbar. Die Organe verlieren zum Teil erheblich an Leistungsfähigkeit. Betrachtet man nur mal den Bereich der Atmung, so nimmt von 20 bis 60 Jahren die Funktion um fast die Hälfte ab. Alles wird anstrengender, weil die Sauerstoffversorgung im Vergleich zu früher schlechter klappt.

Oder man nehme die älter werdenden Muskeln, die haben zum Beispiel entwicklungstechnisch das Problem, dass sich zunehmend Fett in ihnen einlagert. Was die Muskeln in der zweiten Lebenshälfte auch tun, sie tun es nicht mehr so ökonomisch, wie sie das früher getan haben. Selbst der, der gegen den Kräfteverlust antrainiert, merkt, dass das Training in jugendlicheren Jahren viel mehr gebracht hätte. Das Leben hinterlässt überall im Körper seine Spuren. In Gelenken, Muskeln, Knochen und Gewebe. Trotz aller guten Dinge, die sich über das Alter sagen lassen, liegt im körperlichen Abbau ein nicht wegzudiskutierendes Manko.

Aber all das macht deutlich, welche wirklich starken Charaktere sich unter älteren Menschen finden. Wie positiv die psychische Entwicklung tatsächlich ist, wenn all das Negative so erfolgreich wegkompensiert werden kann. Innere Festigkeit, psychische Widerstandsfähigkeit, Resilienz, wie man es auch nennen mag – Fakt ist, bei gelingend alternden Menschen wirkt eine wunderbare innerliche Kraft. Deswegen gibt es ein Buch über die Lebenskunst der Älteren und nicht nur einen Flyer. Und eine erste beachtenswerte Kompetenz älterer Menschen besteht darin, sich eine Umwelt herzustellen, die ihnen mehr angenehme Gefühle vermittelt. Es geht auch und besonders um soziale Beziehungen. Die können immens viel zur Lebenszufriedenheit beitragen. Und umgekehrt viel Energie und Lebensfreude nehmen. Überhaupt gibt es sehr viel, was Ältere vorausschauend beachten – hier ein Vorausblick, um was es im Folgenden gehen wird.

Ein Vorausblick auf die Lebenskunst der Älteren

»Was braucht man zum glücklichen Leben?« – »Wie lebt man richtig?« –« Wie lebt man gut?« – Ältere geben zwar keine Pauschalantworten auf solche grundsätzlichen Fragen des Daseins. Aber sie geben wertvolle Anregungen, die von Wissenschaftlern untersucht und in ihrer bereichernden Wirkung bestätigt worden sind: Wer sich beschränkt, der hat letztlich mehr vom Leben; Menschen, die auf allen Hochzeiten tanzen, sind erschöpft und nicht glücklich; die Hälfte kann manchmal mehr als das Ganze sein, sowohl was Besitztümer und Ziele als auch was soziale Kontakte anbelangt. Diese Richtung schlagen die Lebensmanagementstrategien Älterer ein. Die Überschriften der ersten Kapitel geben bereits Hinweise, wohin die Reise geht: »Die U-Kurve des Glücks – Vom Tal des Lebens zum Gipfel gehen«, »Stichwort ›Weniger ist mehr‹ – Sich ein Leben gestalten, das guttut« und »Die große Befreiung – Mit weniger Relikten der Vergangenheit die Zukunft leben«.

Ein spezielles Thema der zweiten Lebenshälfte ist auch der bedachte Umgang mit Zeit und Energie. Die Kapitel

»SOK oder die Rubinstein-Strategie – Was man tun muss, um ein großer Lebenskünstler zu werden« und »Ein Suchscheinwerfer für die Möglichkeiten – Mit Pragmatismus die Chancen sehen« richten ihren Fokus darauf. Zumal es ebenso eine hochaktuelle Angelegenheit für Menschen im jüngeren und im mittleren Lebensalter ist, zapft das rasante moderne Leben doch bereits gehörig an deren Reserven. Auf die eigenen Grenzen achten, das Wohlergehen schützen, seine Verletzlichkeiten ernst nehmen – all das sind Kompetenzen Älterer, die heute schon früher im Leben abgefragt werden. »Die Kunst der Lebensführung besteht bekanntlich darin, mit gerade so viel Dampf zu fahren, wie gerade da ist«, empfahl Theodor Fontane.

Obwohl Ältere nun in vielerlei Hinsicht leben, was Jüngere bereichern kann, so ist von einer öffentlichen Wertschätzung dieser Lebenskompetenzen nicht allzu viel zu spüren. Alter hat kein gutes Image, wenig an ihm gilt als erstrebenswert. Nicht umsonst spricht man vom letzten Jahrhundert als dem der Jugend. Als Ideal wurde die Jugend damals dominant und ist es heute nach wie vor. In den Kapiteln »Von den Vorteilen, eine reife Persönlichkeit zu haben – Von Heldencharakteren, seelischer Widerstandskraft und mehr« und »Von den Nachteilen, eine reife Persönlichkeit zu haben – Vorstellungen vom Alter, die schaden« werden Vorurteile, Lobpreisungen und Realitäten verschiedener Lebensphasen gegenübergestellt. Immerhin wiegen negativ besetzte Altersbilder nicht nur schwer, sie sind überdies ein Unding. Sie verursachen Leid und kosten Lebensjahre. Ein Beispiel? Ärzte nehmen sich in abnehmendem Maße für Patienten

Zeit, je älter diese werden. Am meisten Aufmerksamkeit bekommen Personen im mittleren Lebensalter geschenkt.

Manchmal führt eine voreingenommene Sicht auf das Alter sogar dazu, dass vorhandene Stärken als Schwächen gesehen werden. Die Kapitel »Über das reife Gehirn und sein Potenzial – Von Besonnenheit, Gelassenheit und Erfahrung« und »Das autobiografische Gedächtnis – Oder: Warum die Vergangenheit nur besser werden kann« betrachten die Leistungen des reifen Geists. Das steht heute nämlich leider in besonderem Verruf – es ist eine solche Angst vor Demenz verbreitet, dass Forscher von einer Demenzsorge sprechen, die sehr überzeichnet ist. Im Gegenzug werden Leistungen und Errungenschaften dann verkannt. Wie bekannt ist zum Beispiel, dass Gründer viel erfolgreicher sind, wenn sie jenseits der 50 Jahre ein Unternehmen starten? Oder dass Ältere zwar langsam reagieren, im Ausgleich allerdings weniger Fehler machen. »Mögen die Jungen auch schneller rennen, die Älteren kennen die Abkürzungen« – diese Redewendung beinhaltet viel Wahrheit.

»Wäre der Tod nicht, es würde keiner das Leben schätzen. Man hätte vielleicht nicht einmal einen Namen dafür« – auch das Zitat des Schweizer Schriftstellers Jakob Bosshart bringt Lebensweisheit auf den Punkt. Ausführlicher beschäftigt sich das Kapitel »Über Grenzerfahrungen und Aussöhnung – Die Annahme der Endlichkeit als Aufgabe des Lebens« damit, wie wichtig es ist, sich mit dem Thema Sterben auseinanderzusetzen. Und nein, es wird hier nicht nur um Trauriges gehen, sondern auch die Heiterkeit wird berührt. Denn wie sagt eine chinesische Weisheit? »Wenn einem das Wasser bis zum Halse steht, sollte man den Kopf nicht hängen lassen.«

Der Forscher und Psychoanalytiker Erik Erikson hat sogar in Aussicht gestellt, dass am Ende des Lebens eine Haltung möglich sei, aus der der Mensch dem Tod ohne Furcht entgegensehen kann. Dafür müsse der Mensch allerdings bestimmte Entwicklungsstufen genommen haben. Sehr wichtig ist dabei auch der Einsatz für andere Generationen; das Kapitel »Das Leben ist keine Insel – Vom Wert und Gewinn des Gebens und Nehmens« nimmt diesen Punkt in Augenschein.

Was Erikson beschreibt, hat mit seelischer Reifung zu tun, aber auch damit, Liebe in die Zukunft zu tragen. Geht es da um Altersweisheit? Erikson sagt ja, andere dagegen sehen Weisheit nicht typischerweise bei den Älteren verortet. Doch womöglich geht es sowieso um etwas ganz anderes im Leben? »Von Weisheit, Lebenskunst und der Liebe zum Leben – Oder: der langer Weg zu sich selbst« habe ich das abschließende Kapitel dieses Buchs genannt und werde hier noch nicht verraten, was der Weisheit letzter Schluss ist. Nur dass Sokrates die Richtung zeigt mit seiner Feststellung: »Nur der ist weise, der weiß, dass er es nicht ist.«

Wenn man also an dieser Stelle schlussfolgernd zusammenfasst, dass Ältere womöglich nicht weise, aber auf jeden Fall Lebensstrategen sind, so ist das richtig. Doch viel schöner finde ich das Wort Lebenskünstler. Deswegen heißt das Buch auch »Die Lebenskunst der Älteren« und nicht die »Lebensstrategie der Älteren«. Denn mit dem Wort Kunst wird so deutlich die Schaffenskraft herausgehoben, das Gestalten. »Alle Menschen haben die

Anlage, schöpferisch tätig zu sein. Nur merken es die meisten nie«, hat der US-amerikanische Schriftsteller Truman Capote gesagt. Gilt das nicht gleichermaßen für künstlerisches Potenzial wie manchmal für das Werk des Lebens?

Das Leben als Kunstwerk sehen

Der französische Philosoph Michel Foucault hat die Frage gestellt, ob nicht das Leben eines jeden Menschen ein Kunstwerk werden könnte. Und ich schätze diese Anregung sehr, weil man sich so bildhaft vor Augen führen kann, worum es in der Kunst und im Leben geht. Um ein Werk, das Wesentliches beinhaltet. Um die Quintessenz dessen, was einen interessiert, was einem wichtig ist. Um viel Können und Wissen. Aber auch um Offenheit und Flexibilität. Energie und Schaffenskompetenz spielen überdies mit hinein. Künstlerische Distanz, Ergriffenheit und Nähe sind weitere Aspekte.

Obgleich Foucault mit der Frage nach der Kunstwerktauglichkeit des Lebens nicht speziell die älteren Semester im Sinn hatte, passt seine Metapher doch auch hierfür wunderbar. Denn wenn man das Bild der Kunst von der Leinwand trennt, landet man beim richtigen Leben. In der Kunstgeschichte war es doch schon immer so. Die jungen Wilden haben ordentlich von den großen Klassikern gelernt, um es ähnlich und doch anders zu machen. In Anlehnung an dieses Prinzip gibt es in diesem Buch auch immer wieder Anregungen, die Kunstgriffe der Älteren mal auszuprobieren – in der Sprache der Kunst würde man es eine Performance nennen. Ich nenne es weniger speziell die »Lebenskunst zum Ausprobieren«.

Stichwort »Weniger ist mehr«

Sich ein Leben gestalten, das guttut

»Es gibt nichts geschenkt im Leben«, lautet ein gutes altes Sprichwort. Es gibt nichts geschenkt, das gilt auch für das Alter. Denn es ist keineswegs so, dass älteren Menschen psychisches Wohlbefinden zufällt, wenn nur genug Lebensjahre verbraucht worden sind. Und es ist auch nicht so, dass jeder im Alter zerbirst vor Glück. Aber es ist eben so, dass die Befindlichkeit bei einem größeren Teil der Älteren überdurchschnittlich gut ist. Weil die Lebenserfahrenen in vielen Dingen wissen, worauf es ankommt. »Man muss sich die feinen Dinge im Leben erhalten«, sagte mein Großvater.

Man weiß heute, dass die Lebenszufriedenheit selbst- oder vielmehr kopfgemacht ist. Ältere Menschen leben auf eine Art und Weise, die ihr Gefühlsleben optimiert. Sie haben ein Erfolgskonzept: gute Gefühle verstärken und negative Gefühle zurückfahren. Klingt nicht gerade nach der Erkenntnis des Jahrhunderts? Mag sein, dass das alle gerne möchten. Der Clou liegt daran, dass ältere Menschen es erfolgreicher hinbekommen. Und dass es gerade auch das Weniger ist, aus dem sie einen Lebensgewinn gestalten. Ein wichtiger Punkt dabei ist, dass viele Ältere weniger soziale Kontakte haben, und zwar, weil sie es so wollen. Unterm Strich geht es ihnen besser damit, da Menschen durchaus belasten können.

In einer Gesellschaft, in der ein großes Netzwerk nicht nur als erstrebenswert, sondern auch als Statussymbol gilt, mutet der Gedanke, seine Kontaktanzahl gezielt zu verringern, eigentümlich an. Aber so ist es eben manchmal im Leben. Dass man das Glück dort findet, wo man es nicht erwartet. Das Leben kann auch anders funktionieren, als es die Norm ist. Und zwar nicht schlechter – im Gegenteil.

Die Angst vor dem Weniger

Die Ansicht, dass man im Alter weniger hat und es deswegen weniger lebenswert ist, ist dem Denken vieler Jüngerer eingepflanzt. Allein schon, weil Ältere einen kleineren Wirkungskreis haben und dadurch weniger Kontakte. »Ich will nicht alt werden, weil man da immer einsam auf der Parkbank sitzen muss« – das Zitat einer 10-Jährigen. »Ich könnte es mir nicht vorstellen, ohne meinen Job und meine Kollegen zu sein«, eine 34-Jährige. »Ich empfinde die Rente als Entlastungssituation. Früher habe ich mich mehr geärgert. Auch bei der Arbeit, aber nicht nur. Heute bin ich entspannt. Ich genieße das Leben mehr« – ein 65-jähriger Pensionär.

Der erwähnte Pensionär ist ein guter Bekannter von mir. Bei ihm habe ich vor seiner Rente befürchtet, dass der Ruhestand zur Katastrophe würde. Dass er durchdrungen wäre von Einsamkeit und Kontaktarmut. Tatsächlich ist das nicht passiert. Und das ist insgesamt sehr typisch für die Lebensfortgeschrittenen.

Weniger soziale Kontakte zu haben, dass kann für Ältere auch eine Quelle ihres Wohlbefindens sein. Es ist keineswegs unabdingbar eine Belastung. Bewertung von außen und Bewertung der Betroffenen selbst sehen diesbezüglich ganz unterschiedlich aus, wie die Forschung zeigt. Einsamkeit im Alter wird von Jüngeren als größeres Problem eingeschätzt als von Älteren. Bei einer Umfrage des Bundesfamilienministeriums haben die jungen Befragten am häufigsten Furcht vor Einsamkeit im Alter angegeben. Mit steigendem Alter nahm die Angst ab und war am geringsten ausgeprägt bei den Ältesten. Diese waren lediglich halb so beunruhigt wie die 14- bis 29-Jährigen.

Angesichts des sozialen Status, den ein großes soziales Netzwerk besitzt, ist es allerdings durchaus nachvollziehbar, dass Jüngere skeptisch und irritiert sind, was die geringere Kontaktanzahl Älterer anbelangt. In jungen, aber ebenso in mittleren Lebensjahren will man ja beliebt und dabei sein. Nur kostet das eben auch viel Zeit und Energie und nicht jeder soziale Kontakt spielt das Engagement wieder zurück. Wertschätzung ist entscheidend, damit Beziehungen als bereichernd erfahren werden. Sich auf einer tieferen und verlässlichen Ebene verbunden fühlen ebenfalls. In die richtigen Beziehungen ausreichend zu investieren, und nicht in die, bei denen nichts zurückkommt, das ist eine wichtige Kompetenz für Zufriedenheit. Es gibt dem Leben Gehalt und Glück. Und je mehr Kontakt wir zum Glück haben, umso besser. Das ist eingängig, aber auch wissenschaftlich belegt.

Die Sozialwissenschaftler James Fowler und Nicholas Christakis haben 2008 eine Studie durchgeführt, die ich für mich die »Das Glück wohnt nebenan«-Studie nenne. Für eine Langzeitstudie wurden 4739 Personen 20 Jahre beobachtet. Und als Fowler und Christakis die Daten auswerteten, da kam heraus: Glückliche Menschen sind in auffälliger Weise von glücklichen Menschen umgeben. Wer dann noch im Radius von 1,6 Kilometern einen glücklichen Freund wohnen hat, für den steigt die Perspektive auf eigene Glücklichkeit um 25 Prozent, sagen die Forschungsdaten. Ja, die sind von Vorteil – die kurzen Wege. »Wenn du einen Freund hast, geh ihn oft besuchen; denn Dornen und Gestrüpp verwachsen den Weg, der nicht begangen wird«, das ist eine asiatische Weisheit. Und es gibt sie bewiesenermaßen zu Recht. Zumal auch der gesundheitliche Gewinn durch gute Kontakte enorm ist.

Studien haben nämlich ebenfalls gezeigt, dass das Vorhandensein guter sozialer Kontakte das Immunsystem stärkt und vor Depressionen und anderen psychischen Erkrankungen schützt. Speziell der Umgang mit Stress ist ein besserer, wenn Menschen um einen sind, die einen unterstützen, Herz und Kreislaufsystem gewinnen beispielsweise dadurch. Aus der Alltagserfahrung weiß man ja eigentlich schon gut, wie hilfreich allein die verständliche Berührung eines guten Freundes sein kann. Die Umarmung, das Schulterklopfen, das Halten der Hand. Aber vermutlich ebenfalls, wie gegenteilig dann unfreundliche, unzuverlässige und unberechenbare Menschen wirken – von Blutdrucksenkung keine Spur. Tja, und insofern gilt wohl, dass Glück und Gesundheit eine Art Lauffeuer sind, für Unglück gilt dies aber umgekehrt auch. Und genau in dieser Spannweite bewegen sich viele ältere Menschen immer weiter weg vom Unglück und immer näher zum Glück hin.

Soziale Kontakte – Qualität statt Quantität

Die Wissenschaft weiß heute, dass ältere Menschen auch weniger soziale Kontakte haben, weil sie eine Wohlbefindens-Strategie verfolgen. Ein kleineres soziales Netzwerk, das ist von den Älteren durchaus gewollt. Sie ersparen sich schlichtweg Begegnungen, die sie ärgern und belasten. Und sie sparen sich die »leeren Formen, die Routinen«, so hat es mir ein ehemaliger Unternehmer erzählt, der heute Anfang 70 ist. »Früher habe ich mindestens um die 50 Weihnachtskarten geschrieben. Mit Beteuerungen, dass man sich im nächsten Jahr mal wieder sehen müsse. Und ebenso viele Karten habe ich auch bekommen, mit eben diesem Satz. Getroffen hat man sich dennoch nicht – all diese Phrasen brauchte ich nicht länger. Heute schreibe ich fünf Briefe an Weihnachten, und die sind dafür gehaltvoll. Das spart gehörig Energie. Und die habe ich dann für meine Familie und meine Hobbys. Ich möchte es nicht mehr anders haben.«

In der Wissenschaft wird es mit der sogenannten Theorie der sozioemotionalen Selektivität erklärt, wie lebenserfahrene Menschen bei sozialen Kontakten handeln. Dass sie wählerisch werden, was ihr Netzwerk anbelangt. Es ist in gewisser Weise ein »Das erspar ich mir«-Denken, das dahintersteckt. Ein »Mit meiner Zeit kann ich etwas Gehaltvolleres tun«.

Die Theorie der sozioemotionalen Selektivität

Die angesprochene Theorie der sozioemotionalen Selektivität stammt von den renommierten Altersforschern Laura Carstensen und Frieder Lang. Auf der Basis verschiedener Untersuchungen haben diese gefolgert, dass Menschen mit dem Alter zunehmend wählerisch werden, mit wem sie Kontakt pflegen. Weil ältere Menschen stärker nach Beziehungen mit emotionalen Gewinnen streben – also lieber fünf Briefe mit Tiefe schreiben als 50 Weihnachtskarten – treffen sie bewusst auch die Entscheidung, Verbindungen zu kappen, die ihnen nicht das bringen, was sie brauchen.

Der Psychogerontologe Frieder Lang hat mit seinem Team 206 Erwachsene zwischen 70 und 103 Jahren begleitet, und zwar über vier Jahre. Dabei zeigte sich, dass die Hälfte aller abgebrochenen Beziehungen von Älteren freiwillig beendet worden war. Nur ein Drittel erklärte sich durch Krankheit oder Tod der früheren Kontakte. Und überdies: Je näher Menschen sich ihrem Lebensende fühlen, umso stärker gaben sie nicht bereichernde Beziehungen auf.

Für mich deckt sich das durchaus mit meiner Erfahrung. Obwohl ich die Freundlichkeit älterer Menschen wirklich schätze, sind sie für mich in ihren Äußerungen manchmal doch recht rigoros. »Mit dem rede ich nicht mehr. Hinterher bin ich jedes Mal verärgert. Das tue ich mir nicht mehr an.« Ältere können ausgesprochen konsequent sein, was Nichtbeachtung anbelangt. Es gibt ja dieses flapsige Motto: »Ich bin jetzt in einem Alter, in dem ich Menschen von Anfang an unsympathisch finden darf.

Ich habe ja nicht ewig Zeit.« Und stimmt das nicht für viele ältere Menschen zumindest ein bisschen?

Diplomatisches Verweichlichen ist dem Alter also nicht unbedingt zu eigen. Vielmehr führt wenig Lebenszeit zu strengem Entscheiden, was damit noch zu tun ist. Dieser hohe Grad in Sachen aktiver Beendung ist zwar radikal, aber auch ziemlich clever. Denn negative Erfahrungen gewichten sehr, was mit Unterstützung der Mathematik inzwischen nicht nur nachgewiesen, sondern sogar in eine Formel gepackt ist.

So berechnet sich Beziehungsqualität

Der Beziehungsforscher John Gottmann analysiert seit 40 Jahren, was Menschen in Beziehungen hält und was Beziehungen schwierig macht. Zusammen mit dem Mathematiker James Murray hat er schließlich eine Gleichung entwickelt, wann Verbindungen für Menschen zum Gewinn werden und wann zum Verlust: 5 zu 1 lautet diese.

Was die Rechnung ausdrückt, ist, dass auf ein negatives Erlebnis fünf positive Erlebnisse kommen müssen, dann wird eine menschliche Verbindung als bereichernd erfahren. Das kommt daher, dass Negatives mittelfristig stärker in Erinnerung bleibt. Gemeinhin ist es einfach wichtiger, Problematisches zu behalten, um sich künftig davor zu hüten, das ist der Hintergrund des »5 zu 1«-Gesetzes.

Aber in Sachen Beziehungen bringt diese Verknüpfung eben mit sich, dass man ziemlich viel Energie in diesen verlieren kann. Kritik an der Person, Nörgeleien an getroffenen Entscheidungen, unerwünschte Ratschläge und im Ausgleich das Ausbleiben von erhoffter Hilfe – steter Tropfen höhlt den Stein auch in sozialen Dingen. Wer dauerhaft schwierigen Kontakten ausgesetzt ist, dem schlägt das auf Gemüt und Gesundheit. Der Sozialpsychologe Jason T. Newsom von der Portland State University in Oregon/USA hat das untersucht beziehungsweise herausgefunden. Zwei Jahre lang wurden für eine seiner Studien 666 ältere Menschen begleitet und das Ergebnis war: Ältere mit vermehrt negativen Beziehungen hatten auffällig mehr Krankheiten und gesundheitliche Beschwerden.

Manchmal ist es nicht leicht, einen Überblick zu gewinnen

Wenn nun ältere Menschen wie auch Wissenschaft aufzeigen, dass es sich lohnt, seines Netzwerkes Schmied zu werden und schwierige Kontakte zu reduzieren, so bietet sie damit natürlich eine Steilvorlage. Dahingehend, dass man das eigene Netzwerk analysieren und neu sortieren will. Wer tut einem gut und wer eher nicht? Wer bereichert und wer nicht? Wer ist verlässlich und wer lässt einen im Stich?

Eine Antwort zu finden ist jedoch nicht immer leicht. Allzu impulsives Handeln ist auf jeden Fall nicht zu empfehlen. In einer Beziehung, in der man wirklich Austausch pflegt, wird es nicht nur Höhen geben. Im Gegenteil. Erst wenn man auch miteinander Tiefen übersteht, kommt man sich tatsächlich nahe. Letztendlich geht es darum, wie man sich langfristig mit einem Menschen fühlt, nicht um ein paar schlechte Erlebnisse und Tage.

Wohlgemerkt gibt es auch Streit und Auseinandersetzung in stabilen Beziehungen. Ab und an muss die Luft gereinigt werden. Ein auf Gedeih und Verderben konfliktfreies Zusammenleben ist kein Zeichen für gute Beziehungsqualität. Doch unterm Strich muss einfach das Positive überwiegen. 5 zu 1 ist das entscheidende Verhältnis für eine Bereicherung durch den Partner. Liebevolle Gesten, nette Worte, Lachen, ernst gemeinte Komplimente, den anderen wertschätzen in seinem Charakter und ihm das zeigen – die Liebe nährt sich aus den positiven Erfahrungen. Aber auch für nicht intime Beziehungen gilt: Aufmerksamkeit, Zuwendung, Sorgsamkeit – das braucht der Mensch in seinem Leben. Egal wie alt er ist. Egal wie jung er ist.

Der österreichischer Schauspieler und Kabarettist Karl Farkas hat gesagt: »Beziehungen sind eine Rutschbahn nach oben.« Ja, definitiv sollte man gehörig viele dieser Art haben. Aber da der Neigungswinkel nicht immer unmittelbar erkennbar ist, ist es sinnvoll, sich ab und an mal Zeit zu nehmen für ein paar Vermessungsarbeiten. Die Vermessung des Verlaufs über längere Zeitphasen hinweg, nicht die Analyse einzelner Erlebnisse. Ein Ritual des Rückblicks sozusagen, ein wiederkehrender Moment des Innehaltens, der den Blick schärft für die wertvollen Beziehungen im Leben.

Lebenskunst zum Ausprobieren: Ein Ritual des Rückblicks

Vor einigen Jahren habe ich aus einem Seminar die Anregung zu einem Jahresritual mitgenommen. Und seitdem resümiere ich punktgenau am Ende eines Jahres mit Stift und Papier die letzten zwölf Monate – ganz persönlich mit meinem ganz subjektiv wertenden Empfinden. Der 31. Dezember hat natürlich den großen Vorteil, dass man diesen Termin an sich nie vergessen kann. Gleichzeitig hat man nicht so viel Zeit, dass man sich in seinen Erinnerungen verzettelt. Und so summiere ich in der Regel recht flott in ungefähr einer Dreiviertelstunde, welche Eindrücke und Erlebnisse des scheidenden Jahres besonderen Erinnerungswert haben.

Es geht dann vor allem um Freunde und um den Bekanntenkreis: Mit wem habe ich meine Zeit verbracht? Mit wem habe ich zu wenig Zeit verbracht, obwohl er mich bereichert? Und mit wem verbringe ich eigentlich zu viel Zeit, wenn ich mir das Bereicherungsergebnis anschaue, das in diesen Fällen dann eher eine Entreicherung ist? Und nach der Auflistung geht es dann weiter in Richtung Folgerung und Entschluss: Was kann ich aus dem Resümee ableiten? Inwiefern besteht Handlungsbedarf? Was will ich ändern nächstes Jahr? Gibt es Personen, zu denen eine sehr schöne Verbindung besteht und die ich angesichts dessen dann viel zu selten sehe? Und gibt es Personen, bei denen ich sagen muss »Es ist schwierig« und ich lasse nichtsdestotrotz viel Energie und Zeit in diesen Kontakt fließen?

Ein solcher Abriss macht sensibel und stößt Denkprozesse an. Tatsächlich sind bei mir im Anschluss daran aus bereichernden Bekanntschaften wertvolle Freundschaftsbeziehungen geworden. Weil ich einfach mehr darauf geachtet habe, Zeit mit diesen Menschen zu verbringen. Dafür habe ich bei anderen Verbindungen Engagement eingespart. In der Regel ist es heute ja so, dass die zur Verfügung stehende Zeit bereits verteilt ist.

Kontakte zu intensivieren bedeutet auch, Kontakte zurückzufahren. Aber unterm Strich bleibt es ein Gewinngeschäft, denn verlässliche und tiefe Beziehungen sind nun mal keine Massenware. Sie brauchen Aufmerksamkeit und Investitionen.

»Es sind die Freunde, die man um 4 Uhr morgens anrufen kann, welche von Bedeutung sind«, sagte Marlene Dietrich. Und Freunde sind auch die Menschen, die einem mit Wohlwollen begegnen, die einen nicht bewerten und die einen bestärken. In der Zweiten Heidelberger Hundertjährigen-Studie wird immer wieder betont, wie wichtig Ermutigung für Hochaltrige ist. In Kindheit und Jugend weiß man, dass diese elementar bedeutsam ist, damit junge Menschen erblühen. Doch für Ältere gilt ebenfalls, dass sie die Möglichkeiten viel stärker nutzen, wenn sie unterstützt werden. Mit wem man sich umgibt, damit beeinflusst man das eigene Leben erheblich. Der US-amerikanische Philosoph Ralph Waldo Emerson hat schon im vorletzten Jahrhundert darauf hingewiesen: »Wen wir am dringendsten brauchen, ist jemand, der uns dazu bringt, das zu tun, wozu wir fähig sind.«

Lebenskünstler in Sachen Netzwerk

Viele ältere Menschen sind also sehr lebenskünstlerisch, was ihre sozialen Netzwerke und Kontakte anbelangt. Sie sind achtsam, dass sie sich den intensiven und verlässlichen Beziehungen ausreichend zuwenden. Dafür reduzieren und beenden sie oberflächliche Kontakte und Verbindungen, die nicht guttun. Lieber fünf Briefe, die sagen, was aus tiefstem Herzen kommt, als 50 Karten, die nur leere Versprechungen geben – es geht bei all dem um Konzentration auf Bedeutungsvolles, um die Positivierung der Erfahrungen. Und auch darum, sich nicht von den gesellschaftlichen Erwartungen einnehmen zu lassen, man müsse über ein großes Netzwerk verfügen.

Für den Menschen gilt ganz altersunabhängig in Zeiten des Netzwerkens digitaler und nicht digitaler Art, dass die Gefahr, sich zu verlieren, ungleich größer ist als jemals zuvor. Was mich aktuell immer wieder überrascht, ist, wie viele pompöse Hochzeiten es derzeit gibt. Ganz normale Menschen feiern mit hunderten von Gästen. Sind das wirklich enge Freunde, gibt es da wirklich eine nachhaltige Beziehung? Ich finde diesen Trend zur Riesenhochzeit irgendwie symptomatisch für eine Verflachung durch Vergrößerung, die sich im Leben breitmacht und Freiheiten nimmt.

Aber nichtdestotrotz – oder vielleicht auch deswegen – leben ältere Menschen vor, dass es in besonderer Weise auf die tiefen und bereichernden Beziehungen ankommt. Die, die nicht ausschließlich, aber doch überwiegend positiv sind. Die zu pflegen und sich Bedrückendes zu sparen, das ist wichtig für eine beflügelte Lebensführung.

Weil sie so schön sind, will ich sie noch einmal zitieren – die Worte von Ralph Waldo Emerson: »Wen wir am dringendsten brauchen, ist jemand, der uns dazu bringt, das zu tun, wozu wir fähig sind.«

Die große Befreiung

Mit weniger Relikten der Vergangenheit die Zukunft leben

Wenn Ältere etwas verändern, was für sie bis dato wichtig war, beobachten das Jüngere oft mit Melancholie. Der 72-jährige Vater hört auf, Sportwagen zu fahren – auf die Kinder wirkt solches Verhalten wie Abbau und Aufgeben. Und erst recht wenn die Eltern dann noch ihr Haus verkaufen und auf eine Wohnung umschwenken. Und dass die sozialen Kontakte mit dem Altern auch reduziert werden, das wird besonders skeptisch beäugt.

Ich habe mit verschiedenen Älteren gesprochen, die sich in Sachen Wohnstätte verkleinert haben. Und erstaunlicherweise gab es keine Melancholie. »Nein, nein, überhaupt nicht«, sagte mir einer der Befragten. »Es gab keine Wehmut. Dieses Haus war als Elternhaus geplant. Als Haus, in das die Kinder zu Besuch kommen. Allerdings leben die Kinder inzwischen weit entfernt. Sie sind erwachsen. So war es letztendlich ein Haus, in dem wir zu zweit gelebt haben. Dafür war es zu groß. Der Umzug in die Wohnung hat das Leben leichter gemacht. Ohne Haus sind wir flexibler, können spontan entscheiden und einige Tage zu den Kindern fahren. Das ging wegen des Gartens früher nicht. Oje – dieser Garten. Riesengroß. Meine Frau hat in den letzten Jahren nur noch geseufzt, wenn sie ihn sah. So viel, was man noch darin machen sollte. Aber eigentlich keine Energie und auch keine Lust, darin etwas zu tun. Dieser Garten war eine Belastung. Und er lag einem direkt jeden Tag vor der Nase. Es war eine sehr hilfreiche Verkleinerung, in die Wohnung umzuziehen. Sie können sich gar nicht vorstellen, wie gut es tut, den ganzen Ballast losgeworden zu sein. Wir hatten gewiss 2000 Bücher. Und über die Jahre haben sich sage und schreibe 50 Sitzgelegenheiten in dem Haus angesammelt. Stellen Sie sich das vor. Alle verschenkt. Ich kann jedem Älteren nur eine solche Zäsur wünschen. Mit 70 ist eine gute Zeit.«

Das, was mich an Interviews mit lebenserfahrenen Menschen immer wieder beeindruckt, ist, dass sie so viele Fragen fürs eigene Leben anstoßen. Und nach dem erwähnten Gespräch kamen mir so einige Gedanken. »Und wie viele Bücher habe ich?« – »Wie viele Sitzgelegenheiten bei mir wohl rumstehen?« – »Und wie kann es sein, dass jemand im Alter von 72 so bestimmt seine Historien loslässt und ich mit 42 an Erinnerungen hänge? Müsste es für mich nicht leichter sein?«

Im Nachsinnen über diese Fragen habe ich recherchiert, dass der Durchschnittsdeutsche 10 000 Dinge besitzt. Was für ein Potenzial liegt darin, sich hier mehr Raum zu schaffen und Lebensleichtigkeit. Eine Verlockung, ein Versprechen, für das ich aber wohl auch besonders empfänglich bin. Denn ich kenne die Schattenseiten des Besitzes im Alter gut. Dass man irgendwann bei 50 Sitzgelegenheiten landet – genauso funktioniert es, wenn sich die Beutestücke des Lebens ansammeln.

Von 10 000 Gegenständen und noch mehr

Mein Großvater war tief geprägt durch den Krieg und die Mangelerfahrungen. Er war nur bedingt fähig, sich von Besitztümern zu trennen. Es dominierte das Gefühl, etwas ja vielleicht noch mal brauchen zu können. Platten, die das letzte Mal in den 1950er-Jahren aufgelegt worden sind, Videorekorder aus den 1980er-Jahren, Kameras analog und digital. Und dann waren da noch die Anzüge aus schlankeren Zeiten, die seinem Wunsch nach gerne irgendwann einen erneuten Einsatz hätten finden können. Aber das taten sie nicht. Das Ungenutzte füllte die Wohnung und so gab ich nach dem Tod meines Großvaters weg, wovon er sich besser vorher befreit hätte. Es hätte mehr Luft zum Atmen gegeben und weniger schlechte Gefühle – vermute ich.

Wenn der Durchschnittsdeutsche schon 10 000 Gegenstände besitzt, so besitzen Ältere, die horten und behalten, noch viel mehr. Alles will untergebracht, alles will organisiert, gepflegt und gereinigt werden. Damit fängt es an. Ein fließender Übergang zum nicht gelingenden Altern ist gegeben, wenn das Loslassen nicht klappt. Denn nicht nur, dass der Raum knapp wird, es passiert auch mit der Psyche etwas.

Bei den größeren und kleineren Gütern, die unnütz geworden sind, handelt es sich ja auch immer um Botschaften. Sie stehen für etwas außerhalb des aktuellen Lebens, für etwas, was jemand sein wollte oder das er gewesen ist. Für jemand dünneren, der in die Anzüge aus schlanken Zeiten passt, oder jemand, der in den 1950er-Jahren Swing gehört hat, dies aber heute nicht mehr tut. Für jemand, der in ferne Länder gereist ist und fotografiert hat und der sich auf dem Videorekorder Filme dazu ansah.

All diese Dinge werden zu Lebensballast, wenn sie nicht mehr mit den aktuellen Zielen und Lebensumständen korrespondieren. Sie nehmen Raum und Aufmerksamkeit. Ähnlich wie es bei so manchem sozialen Kontakt ist, schleppen sie sich durchs Leben, ohne dass man sich noch klar ist, was man eigentlich von ihnen hat. Ich finde es grandios ermutigend, wenn Ältere ihr Leben konsequent durchsehen und aussortieren. Mit geschultem Blick das Wesentliche zu entdecken, das ist Lebenskunst. Sich flexibel auf das Hier und Jetzt einzustellen ebenfalls.

Loslassen als Konzept des Erfolgs

Sich mit weniger zufriedenzugeben, das erscheint nach außen allzu oft wie Aufgeben und Entmutigtsein. Das stimmt aber nicht, darauf weist der Entwicklungspsychologe Jochen Brandstätter hin. Strategien des Loslassens sind gerade wichtig, um Resignation zu überwinden. Sie sind eine Maßnahme gegen Frustration und Hilflosigkeit.

Manchmal müssen Dinge anders werden, damit sie gleichbleiben können. So kann es eben notwendig sein, den Haushalt zu verkleinern, um ihn auch bei weniger Energie gut zu führen. Und das Autofahren macht im Golf wieder Freude, während der Sportwagen einen schon beim Einstiegen in die schmerzende Knie zwang.

Tatsächlich sind es gerade nicht die Scheiterer, die sich im Alter mit weniger zufriedengeben. Mein Gesprächspartner in Sachen Haus war früher im Vorstand eines international tätigen Konzerns mit über 15 000 Mitarbeitern und ist im Alter 70plus noch in Teilzeit als Berater tätig. Gerade weil er seine Energie schätzt und weiß, was ihm wirklich wichtig ist, geht er sorgfältig damit um und verkämpft sich nicht an einem Haus mit riesigem Garten. Oder an anderen Windmühlen.

Ein sehr schönes Beispiel, dass Veränderung für den Erfolg im Alter wichtig ist, sind auch die Rolling Stones. Seit 1962 bespielen sie die Bühnen der Welt und wirken im Alter 70plus nach wie vor unkonventionell. Musikfrei kann man sich die alten Helden des Rocks nicht vorstellen und so gehen sie immer noch auf Konzerttourneen – scheinbar wie eh und je. Aber eben auch nur scheinbar, denn selbst für die Rolling Stones hat sich durchaus etwas geändert im Vergleich zu früheren Lebensjahren.

Tatsächlich treten die Rolling Stones kürzer und spielen heute weniger Konzerte. Der Schlagzeuger Charlie Watts erzählte in einem Interview, dass man inzwischen zu alt sei für lange Tourneen. Zeit nehmen zum Auftanken – für Rock'n'Roller geht es ebenfalls ums Haushalten mit den Ressourcen. Reduktion, Prioritäten setzen, ist ein umfangreiches Erfolgskonzept für Menschen im fortgeschrittenen Lebensalter. Allerdings nicht nur, wenn man sich die Entwicklungen der Zeit betrachtet.

Steigende Leistungsanforderungen und knapper werdende Zeitressourcen machen die Frage einer bewussten Auswahl durchaus auch für Jüngere zur wichtigen Strategie. Leider gibt es jedoch eine hohe Hürde, was die praktische Umsetzung anbelangt. Das menschliche Sicherheitsdenken nämlich.

Von der Macht des Auf-Nummer-sicher-Gehens

Was leicht gedacht ist mit der Befreiung, ist tatsächlich schwer getan. Wir Menschen sind einfach Gewohnheitstiere und wir handeln oft erst aus der Not heraus. Zum Beispiel, wenn uns das Alter zum Tun zwingt.

Als Autorin dieses Buchs weiß ich Bescheid über die theoretische Sinnhaftigkeit von Reduktion und Loslassen. Aber gleichzeitig weiß ich um die praktischen Probleme, die solche Vorhaben mit sich bringen. Nicht zuletzt weil ich meine eigenen Leichen im Keller liegen habe.

Ganz konkret gibt es diesen Pelzmantel in meinem knapp bemessenen Kleiderschrank. Es ist der Pelzmantel meiner Großmutter, den ich weder trage noch weggebe. Es steht ein gewisser Trennungsschmerz im Weg, obgleich der Gedanke eines geräumigeren Schrankes etwas höchst Attraktives hat.

Genau dieses Dilemma ist wissenschaftlich auch als besondere Schwierigkeit erkannt, wenn es um die Umsetzung von Absichten geht. Verschiedene Wünsche, die man hat, geraten innerlich in Streit und unterm Strich bleibt alles, wie es ist. Will man etwas weggeben, dann meldet sich das Bedürfnis nach Sicherheit – in emotionaler Hinsicht, aber ebenfalls in materieller – und das grätscht unsere Veränderungsbestrebungen in der Regel aus.

Menschen glauben prinzipiell, dass sie im Leben viel zu verlieren hätten. Unfall, Schicksalsschlag, Rezession, irgendwas kann immer kommen. Um den Unwägbarkeiten vorzubeugen, überfüllen Menschen ihr Leben also gerne, denn ein umfangreiches Haben und umfangreicher

Aktionismus bringen im Fall des Falles einen Puffer. So die durchaus plausible Logik des Hortens und geschäftigen Tuns, kurz und gut, der Sicherheit. Wer auf jeder Hochzeit tanzt, kann nichts verpassen. Wer allen Vorstellungen entspricht, der hat Kritik nicht zu fürchten. Auch beim Perfektionismus spielt das »Sicher ist sicher«-Denken eine Rolle. Eigentlich kann man nichts falsch machen, denkt man, wenn man alle Ansprüche zu 100 Prozent erfüllt – ach, besser noch zu 120 Prozent.

Doch leider zahlt man eben mit einem hohen Energieeinsatz für diese Lebensstrategie. Mit Gefühlen des Kontrollverlusts ist sie außerdem verbunden. Wer zu viele Bälle in der Luft hat, der reagiert nur noch wild und hektisch beim Jonglieren, statt Kontrolle über den Verlauf zu haben. Nicht einmal mehr Genuss ist mit dem reichlichen Haben verbunden. Es gibt ein Experiment rund um Schokolade, das im Ergebnis zeigt: »Wenn du einen Menschen glücklich machen willst, dann füge nichts seinen Reichtümern hinzu, sondern nimm ihm einige von seinen Wünschen.« Der Satz stammt allerdings nicht von den Forschern, sondern von dem griechischen Philosophen Epikur.

Das Auskosten durch Reduktion

»Überfluss verdirbt den Genuss«, sagt ein altes deutsches Sprichwort. Die Harvard-Psychologen Jordi Quoidbach und Elizabeth Ross Dunn haben die Vermutung 2013 auf wissenschaftliche Beine gestellt, indem sie ein Experiment mit Versuchspersonen und Schokolade durchgeführt haben. Während eine Versuchsgruppe grenzenlos Schokolade essen durfte, was sich zunächst sehr attraktiv anhört, durfte die andere nur mit einer Woche Abstand ein Stück davon genießen. Und mit Absicht steht hier genießen, denn die Mangelgruppe kostete das Schokoladenerlebnis ungleich mehr aus als die Gruppe, die im Überfluss lebte – so das wesentliche Ergebnis des Gruppenvergleichs.

Es gibt selbst für die guten Dinge im Leben einen Abnutzungseffekt, weil sie im Laufe der Zeit von »besonders« zu »nur noch üblich« degradiert werden, wenn ihre Verfügbarkeit hoch ist. Für Bewusstheit und Achtsamkeit braucht es Verzicht. Die Wissenschaftler Jordi Quoidbach und Elizabeth Ross Dunn sprechen von der Fähigkeit des Auskostens, die ein hedonistischer Gewöhnungseffekt untergräbt. Und das gilt eben generell und nicht nur für Schokolade. Ein Mehr ist kein Mehr. Man ist den Dingen näher, wenn sie überschaubar sind. Wer erst einmal das Aus- und Loslassen gekostet hat, der weiß es tatsächlich schnell zu schätzen, das kann man sich von Menschen in der zweiten Lebenshälfte sehr schön abschauen.

»Ich werde jetzt bald 57«, so eine Bekannte, »und ich hadere damit nicht. Heute muss ich nicht mehr überall dabei sein. Nicht mehr bei jeder Ausstellung gewesen sein. Jedem Konzert. Früher ging es da auch um Status. Ich kenn mich aus, ich war dabei. Und bin in der Szene. Das treibt mich überhaupt nicht mehr um. Ich mache wirklich nur noch das, was mir gefällt, egal was die Leute denken. Es ist sehr befreiend, nicht mehr alles haben zu wollen und haben zu müssen. Als ich jünger war, habe ich mich auch unter Druck gesetzt. Das muss ich mir noch kaufen, da muss ich auch noch hinfahren, das muss ich noch lernen oder mir aneignen. Das mehr an Freiheit, die Unabhängigkeit von Statussymbolen heute, die finde ich sehr gut.«

Vom Drang zu sammeln und zu behalten

»Befreiend«, »befreit«, »frei« – wenn ich mit Lebenserfahrenen über das Alter rede, fallen die Wortstammspielarten rund um die »Befreiung« am häufigsten – fast entsteht der Eindruck, als sei das Alter für viele die langersehnte Chance für Emanzipation und Durchatmen.

Meine Großmutter erklärte einen Vorteil des Alters mal so, dass es einen zum Ausruhen und Anschauen der Dinge zwingt. Und aus der Ruhe merke sie dann, was eigentlich so gar keinen Sinn mehr im Leben macht. Auch in der Wohnung. Allerdings scheiterten ihre Befreiungssehnsüchte in Sachen Wohnungsinventar an meinem Großvater. Wie am Anfang des Kapitels erzählt, war der nämlich in der Familie der Sammler und Behalter.

Eines muss man im Blick haben, auch und gerade, wenn es um das Aussortieren von dinglichen Lebensrelikten geht: Der Drang, potenziell Brauchbares zu horten, ist eine Art Instinkt. Deswegen weichen viele Menschen quasi einem Automatismus folgend dem Aussortieren aus – entgegen allen guten Vorsätzen und Überlegungen. In der Extremform kann das bei Menschen zum sogenannten Messie-Syndrom führen, bei dem Betroffene im Übermaß sammeln und dementsprechend im Chaos untergehen.

Der Drang zum Behalten ist fraglos stark, dennoch ist er zum Glück nicht unüberwindbar. Wie man sich von Lebensinhalten trennt, die nicht mehr dem Leben entsprechen, hat mir freundlicherweise ein Praxisexperte verraten. Es geht speziell um materiellen Ballast, aber das Prinzip greift auch, um immateriellen Lebensraum zurückzugewinnen.

Lebenskunst zum Ausprobieren: Lebensraum gewinnen

»Erfolgreiches Loslassen – da gibt es zwei mögliche Prozesse: Der eine besteht darin, dass man es wirklich in Ruhe angeht. Dass man sich einen Plan macht. Einen, in dem man sagt, bis dann und dann möchte ich mich von dem und dem lösen. Die andere Variante ist, dass ich eine vermeintlich bessere Alternative habe. So, das sind die beiden Möglichkeiten. Wo beides nicht vorhanden ist, da sieht es schlecht aus«.

Sie erinnern sich noch an meinen praxiserprobten Gesprächspartner – der, der sein Haus zugunsten einer Mietwohnung aufgegeben hat und in diesem Schritt auch einen großen Teil seines Hab und Guts weggab? Von ihm stammt die oben stehende Anregung, die schon Wesentliches dessen enthält, was die Wissenschaft empfiehlt, wenn man etwas ändern will. Einen Plan zu haben, das ist sehr gut. Eine Vision zu haben ebenfalls. Am allerbesten ist es, wenn man über beides verfügt. Doppelt hält besser und für Änderungsvorhaben gilt das allemal.

Seinen Veränderungswillen kann man unterstützen,

indem man sich vor dem inneren Auge die Vorteile aus-
malt, die das Endergebnis mit sich bringt. Wie schön
wäre es, einen übersichtlich luftigen, wohlsortierten
Schrank zu haben? Oder Dinge loszuwerden, die man
geschenkt bekam und nie wollte? (Angeblich geben die
Deutschen allein zu Weihnachten 800 Millionen Euro für
unerwünschte Präsente aus.) Oder sich von gesellschaftlichen Verpflichtungen zu befreien, die einen eigentlich
nicht wirklich interessieren? Mit attraktiven Bildern, die
man auch als Vision bezeichnen kann, erhält das Vorhaben mehr emotionale Anziehungskraft, und die ist
wichtig, denn Entscheidungen werden vor allem durch
Gefühle gefällt.

Wenn die Motivation für die bessere Alternative gestärkt ist, sollte man sich aber tatsächlich noch einen Plan
machen. Darin notiert man sich, was konkret anfällt und
wie man Schwierigkeiten begegnen wird. Eine hilfreiche
Strategie beim Aussortieren ist es zum Beispiel, Sachen
zu fotografieren, bei denen der Abschied schwerfällt.
Beim Aussortieren von Unternehmungen kann es hilfreich sein, vorab zu überlegen, wie man sein Umfeld darüber informiert. Denn auch dieses trägt seine Bedürfnisse an einen heran, und mit diesem Bedürfnisdilemma
heißt es ebenfalls umzugehen.

Und wo es hier gerade um Dilemmata geht, noch ein
Wort zu den Gefühlen beim Aussortieren und Weggeben.
Da tauchen durchaus gemischte Gefühle auf. »Es gibt
schon Sachen, da trennst du dich schwerer. Aber wenn
man es vollbracht hat, dann gibt es auch hier das Gefühl
der Befreiung. Ich kann jedem nur wünschen, dass er
diese Zäsur macht«, formulierte es mein hoch geschätzter

Gesprächspartner. Vermisst habe er im Nachhinein nichts. Denn wer sich befreit, der kann mit leichtem Gepäck weitergehen. »Außerdem habe ich nun mehr Energie für das Wesentliche im Leben. Für meine Frau und meine Familie. Für meine ehrenamtliche Leitung des Gründerzentrums Baden-Baden«, sagt er weiter. »Für den Sport, die Kunst und meine sonstigen Hobbys.« Und damit benennt er auch die andere Seite der Medaille.

Das Leben besteht ja nicht nur aus Befreiung und Loslassen, sondern ebenso aus dem Festhalten an dem, was für einen bedeutsam ist. Was einen beflügelt.

SOK oder die Rubinstein-Strategie

Was man tun muss, um ein großer Lebenskünstler zu werden

Pablo Picasso war unermüdlich. Im Alter von 87 Jahren fertigte er eine Folge von 347 Radierungen. Und das in nur sieben Monaten. In seinem letzten Lebensjahr, dem 92., schuf Picasso über 200 Zeichnungen. Picasso blieb zeit seines Lebens neugierig in Sachen Thema, Stil und Technik. Als er 1973 in seinem Haus in Südfrankreich starb, hatte er mehr als 15 000 Gemälde und über 660 Skulpturen gestaltet. Zahlreiche Zeichnungen, Graphiken und Keramikarbeiten kann man außerdem summieren.

»Die Vernünftigen halten bloß durch, die Leidenschaftlichen leben«, sagte der französische Dramatiker Nicolas Chamfort. Im hohen Alter wird das ganz besonders klar: Beflügelte Menschen haben Energie. Und so finden sich gerade im Bereich der Kunst, in dem viele Leidenschaftliche tätig sind, beeindruckende Beispiele für ein Alter ohne Ruhestand. Das gilt nicht nur für die jüngere Vergangenheit. Im 16. Jahrhundert übernahm Michelangelo mit 71 Jahren die Bauleitung für den Petersdom. Mit 87 Jahren erklärte er »Ich lerne noch« (»Ancora imparo«). Damit wollte er betonen, dass seine künstlerische Schaffenskraft keineswegs erschöpft sei. Und Recht hatte er. Die weltberühmte Marmorstatue Pietà Rondanini fertigte Michelangelo mit 88 Jahren. Kurz danach verstarb er.

Auch bei der Dirigenten-Legende Leopold Stokowski war es der Tod, der ihm mit 95 Jahren das Ende seines künstlerischen Tuns und Schaffens brachte. Das war 1977. Interessanterweise wirkte der Dirigent auch als Hochbetagter auf andere dermaßen vital, dass sich seine Plattenfirma zu einem umfangreichen Exklusivvertrag hinreißen ließ. Der war auf zehn Jahre angelegt, bei Vertragsabschluss war Stokowski 91 Jahre alt gewesen. Für seine Plattenfirma verstarb Stokowski also auf jeden Fall sechs Jahre zu früh.

Es ist für die Umwelt eindrucksvoll, wenn Menschen in hohen Lebensjahren nicht müde werden und auch nicht müde werden wollen. Nicht selten werden so Legenden geboren. Konrad Adenauer ist eine solche – 1949 hat er mit 73 Jahren das Amt des Bundeskanzlers übernommen. Er blieb in diesem für insgesamt 14 Jahre, Rente war kein Thema für ihn.

Einer Anekdote nach soll ein Bundestagsabgeordneter nach einer Nordafrikareise erzählt haben, er hätte in Marokko einen Scheich kennengelernt, der mit 105 Jahren immer noch regiert. Adenauer soll nachgefragt haben, was der Abgeordnete ihm damit sagen wolle. Grinsend hätte dieser geantwortet »Genau das, was Sie eben gedacht haben, Herr Bundeskanzler!« Soweit kam es dann allerdings doch nicht, denn Adenauer wurde von seiner Partei zwangspensioniert; da war er 87 Jahre. Sein Ruhm aber blieb, die deutschen Nachkriegsjahre prägten sich als Adenauer-Ära im öffentlichen Bewusstsein ein. Am 19. April 1967 starb Adenauer mit 91 Jahren.

Aktivität, die bereichert, Aktivität, die frustriert

Bei Menschen im fortgeschrittenen Alter sieht man deutlich, wie viel möglich ist, wenn jemand seine Passion gefunden hat und sie beibehält. Trotzdem kann man nicht ableiten, dass Tun und Aktivsein generell Gewinne sind. Betriebsamkeit ist gut, wenn sie bereichert. Betriebsamkeit wird problematisch, wenn sie frustriert, weil man nie da landet, wo man sich erfolgreich und zufrieden fühlt. Dann lauert die Gefahr, dass man sich in zu vielen Dingen verstrickt. Besonders im mittleren Alter ist sie gegeben, wenn Beruf, Familie und Verwirklichungsansprüche zusammentreffen. Lebenslust und Lebensfrust liegen ziemlich nah beieinander.

Eine Freundin von mir hat mit Anfang 40 ein Haus auf dem Land, zwei Kinder, einen Mann, einen Hund und zwei Ponys plus Weide. Zudem arbeitet sie Vollzeit in einem spannenden und herausfordernden Beruf. Inzwischen stellt sie sich immer öfter die Frage, wie sie das alles schaffen soll. Dicht gedrängt prasseln Aufgaben auf sie ein. Irgendwie läuft sie allem nur noch hinterher und kann nichts mit einem wirklich zufriedenstellenden Gefühl fertigstellen. Das frustriert, nicht zuletzt, weil meine Freundin tragischerweise auch noch den Anspruch an sich stellt, als Frau, Mutter und Angestellte beste Leistung bringen zu wollen.

Picasso, Michelangelo und Adenauer kann man sich nun schwerlich im Stress zwischen Küche, Karriere, Kunst und Politik vorstellen. Das liegt nicht nur daran, dass sie Männer sind, sondern auch daran, dass Perfektionismus in allen Dingen nicht zu einer optimalen Ausnutzung der gegebenen Kräfte führt. »Wer etwas Großes will, der muss sich zu beschränken wissen«, hat es der Philosoph Georg Friedrich Hegel formuliert. Im Alter verschärft sich das Erfordernis der Schwerpunktsetzung noch mal, weil Zeit und Energie knapper werden.

Paul Baltes, der einer der führenden Gerontologen weltweit gewesen ist, definierte gelingendes Altern dadurch, dass man mit seinen Grenzen zu leben vermag. Er bezeichnete es als Kunst, wenn Ältere sich eine möglichst positive Gewinn-Verlust-Bilanz erschaffen und ein gutes Lebensgefühl obendrein. Stellt sich nur die Frage, warum diese Kunst auf Ältere fokussiert wird. Und in der Tat sah das auch Paul Baltes so. Deswegen hat er sich erst mit engerem und dann mit weiterem Blick um dieses Thema gekümmert. »Wie können Ältere ein Leben führen, das anregend und erfüllend ist, ohne sich dabei zu überfordern? Und wie können das Menschen in jüngerem und mittlerem Lebensalter tun? Gibt es eine allgemeingültige Gesetzmäßigkeit für gelingendes Leben?

Aus dem Möglichen das Beste machen

Wie man mit Grenzen lebt und aus den bestehenden Möglichkeiten das Beste herausholt, darum ging es in der Forschung des weltberühmten Gerontologen Paul Baltes. Vor allem in den 1980er- und 1990er-Jahren untersuchte Baltes, wie Ältere auch bei geringer werdenden Kraft- und Energiereserven Ziele und Lebenswichtigkeiten umsetzen. Dabei fand Baltes heraus, dass typischerweise etwas angewendet wird, das er als SOK-Strategie bezeichnete.

SOK steht für die Worte Selektion, Optimierung und Kompensation. Das klingt viel trockener, als es die Theorie tatsächlich ist, deshalb nenne ich sie für mich die Rubinstein-Strategie.

Denn um zu beschreiben, worum es bei SOK geht, benutzte Paul Baltes am liebsten das Beispiel Arthur Rubinsteins, der auch als 80-Jähriger noch ein sehr guter Konzertpianist war. Auch Rubinstein blieb bis ins hohe Alter ein leidenschaftlicher Künstler, der das tat, was er liebte. Und überdies erfolgreich darin blieb. Dass dem so war, lag wesentlich daran, dass Rubinstein in den fortgeschrittenen Lebensjahren so einiges anders handhabe. In Interviews hat er freundlicherweise das Geheimnis seines Erfolges gelüftet.

Arthur Rubinstein und die Kreativität des Alters

Paul Baltes stellt in seiner Forschung dar, wie Rubinstein drei Stellschrauben nutzte, um auch als hochbetagter Konzertpianist noch herausragende Leistungen bringen zu können. So glich Rubinstein aus, was ihm das Altern an künstlerischen Ausdrucksmöglichkeiten nahm. Denn leider sind Einschränkungen im Bereich der Geschwindigkeit, der Feinmotorik oder der geistigen Ausdauer unausweichliche Begleiterscheinungen des Alters. Aber ebenso ist Fakt, dass Menschen Kreativität haben, um natürliche Gegebenheiten abzuschwächen. Genau auf diese Kreativität kommt es in solche Situationen an.

Mit Stellschraube Nummer eins, der Selektion, verkleinerte Rubinstein sein Repertoire, stellte Paul Baltes fest.

Rubinstein selektierte und traf eine Auswahl aus all den Musikstücken, die er bisher gespielt hatte. Diese Beschränkung brachte ihm Zeit zur Regeneration, die er zunehmend brauchte, und ebenfalls Zeit, um die einzelnen Stücke intensiver zu üben. Mit der Reduktion des Musikrepertoires verhält es sich vom Prinzip her ähnlich wie bei anderen Verkleinerungen auch, beispielsweise der vom Haus auf die Wohnung. Die Dinge werden beherrschbarer, wenn sie überschaubar sind.

Indem Rubinstein das Übungspensum erhöhte, optimierte er das, was er tat. Optimieren war für den Gerontologen Paul Baltes die zweite clevere Maßnahme des Künstlers, um sich an veränderte Bedingungen anzupassen. Stellschraube Nummer zwei also, bei der es darum ging, das Ausgewählte möglichst gut zu tun. Irgendwann stieß aber auch das Optimieren an die Grenzen. Für Rubinstein blieb es trotz vermehrten Übens zum Beispiel unmöglich, die schnellen Passagen der Klavierstücke in seiner früheren Geschwindigkeit zu spielen. Eine nicht zu überwindende Schwäche, die er mit Stellschraube Nummer drei zumindest ausgleichen konnte.

Rubinstein wandte einen Kunstgriff an, um in Sachen Tempo eine Lösung zu finden, und dieser ist schließlich dem Bereich der Kompensation zuzuordnen. Rubinstein verlangsamte das Tempo rund um die schnellen Passagen herum so, dass – relativ betrachtet –, die Problem-Passagen wieder ausreichend schnell erschienen. Das Publikum merkte in der Regel den Unterschied überhaupt nicht. Und Rubinstein ersparte sich den Frust und die Niederlage, die mit dem weitere Versuch verbunden gewesen wären, das frühere Tempo wieder zu erreichen.

Loslassen und Festhalten haben also direkt miteinander zu tun, das sieht man an der Rubinstein-Strategie beispielhaft und gut. Denn um Selektion, Optimierung und Kompensation möglich zu machen, musste Rubinstein seine früheren Leistungsmaßstäbe loslassen und neue entwickeln. Durch sie hat er dann aber viel gewonnen – anhaltenden Ruhm und Erfolg und nicht zuletzt ein besseres Lebensgefühl. Denn die niedriger gesetzten Ziele konnte er wieder erreichen.

Von der pragmatischen Intelligenz

Nun ist das Beispiel von Rubinstein speziell, das dahinterstehende Prinzip der kreativen Lösung ist aber universal. Es geht um den Umgang mit Grenzen, im Großen und Ganzen kann es auf folgende Punkte gebracht werden: Statt einen unsinnigen und umfassenden Kampf gegen die Schwächen aufzunehmen, akzeptiert man diese. Man konzentriert sich auf spezielle Herausforderungen und wählt die wirklich wichtigen Ziele aus. Die verfolgt man dann energisch und lässt sich nicht entmutigen – im Fall Rubinstein entsprach dies der Reduktion von Musikstücken, die er umso mehr übte, um sein Leistungsniveau zu halten. Selektion und Optimierung sind diese beiden Strategien.

Im Zweifelsfall kann man sich noch kleine Tricks und Täuschmanöver überlegen, die weiterhelfen, wenn Optimierung nichts mehr bringt – Rubinstein verlangsamte das Tempo, um schnelle Passagen wieder schneller erscheinen zu lassen. Er suchte sich also einen neuen Weg, um seine Vorstellungen dennoch zu realisieren – er kompensierte, wie es Paul Baltes nannte.

Sollten sich die Verhältnisse weiter verändern, sind auf die Art weitere Anpassungen möglich. Selektion, Optimierung und Kompensation sind stete Handlungskonzepte, um die Gewinn-Verlust-Bilanz hin zu den Gewinnen zu verschieben und um die Folgen geringer werdender Ressourcen auszugleichen.

Weil Selektion, Optimierung und Kompensation sehr kluge Strategien sind, sprach Paul Baltes hier auch von »pragmatischer Intelligenz« und von »weisheitsbezogenem Wissen«. Damit verknüpft ist auch ein Gespür für die Ungewissheiten des Lebens und dafür, wie relativ alles im Leben ist. Auch was Ziele und die Werte anbelangt. Wenn der englische Dichter Samuel Taylor Coleridge Weisheit als gesunden Menschenverstand in ungewöhnlichem Maße deutet, kommt das dem Verständnis von Baltes recht nahe – allerdings umschiffte Paul Baltes den Begriff der Weisheit in diesem Fall. »Weisheitsbezogenes Wissen« – Baltes wählte eine bescheidenere Bezeichnung.

Selektion, Optimierung und Kompensation in jüngeren Jahren

Paul Baltes, der Entdecker der SOK-Strategie war nun nicht nur Gerontologe, sondern auch Psychologe. Als dieser interessierte er sich ebenfalls dafür, welche Rolle Selektion, Optimierung und Kompensation in jüngeren Jahren spielen. Denn in diesen passiert es ja genauso, dass

Ressourcen knapp werden. Schuld sind hier in der Regel die mannigfachen Verpflichtungen. Und ganz allgemein gesprochen, gibt es ja überdies keine Gründe, warum man nicht schon in jüngeren Jahren Energien möglichst effizient einsetzen sollte.

Baltes und sein Team haben in einer Studie also junge Erwachsene untersucht, die ihr Familien- und Berufsleben miteinander koordinieren mussten. Insofern gab es auch bei ihnen schon Engpässe in Sachen Ressourcen und es bestätigte sich bei den Jungen: Diejenigen, die alles verfolgten und nichts abgeben konnten, lebten ein nachteiliges Modell. Denn ihre Erfolge blieben mäßig – niemand kann schließlich in allem gut sein. Unzufriedenheit gab es ebenfalls.

Anders sah es nun bei den Studienteilnehmern aus, die sich zuerst mehr auf den Beruf und dann mehr auf die Familie konzentrierten (oder umgekehrt). Die fühlten sich deutlich wohler als jene, die keine klaren Prioritäten hatten. Konzentration und Schwerpunktsetzung dienen also bereits in jüngeren Jahren dem Wohlgefühl und lassen es einem nachweislich besser gehen.

Wer neben der Schwerpunktsetzung überdies andere bei der Aufgabenerfüllung miteinbezog (sei es, dass er im Haushalt mehr Mitarbeit des Partners erwirkte oder eine Haushaltshilfe beschäftigte), fiel durch ein noch ansehnlicheres Leistungs- und Zufriedenheitsniveau auf. Auch das zeigte Baltes mit seiner Forschung. Selektion, Optimierung und Kompensation sind nachgewiesenermaßen ein Erfolgskonzept fürs Leben – altersunabhängig und generell.

Von den Schwierigkeiten auszuwählen

Obgleich die Vorteile der SOK-Strategie klar auf der Hand liegen, setzen Jüngere sie oft nicht ein. Das liegt daran, dass die Selektion, das Auswählen, ja unabdingbar auch bedeutet, Optionen aufzugeben und etwas nicht weiterzuverfolgen. Verbunden damit ist die Gefahr, eine Chance zu verpassen, oder zumindest das Gefühl zu haben, dass dem so sei.

Zwar wissen die meisten Menschen, dass man nicht alles im Leben haben und nicht alles tun kann. Doch Wissen und Handeln sind eben zweierlei. Und so leben viele doch gehörig lange Zeit so, als könne man grenzenlos Möglichkeiten wahrnehmen. Und paradoxerweise werden genau die Menschen eben nicht erfolgreich oder zufrieden. Das werden im Gegenteil diejenigen, die sich konzentrieren.

Menschen entwickeln zwar durch Lebenserfahrung nach und nach ihr Selektionsvermögen, glücklicher ist es aber, wenn man es in jüngeren Jahren bereits hat. Denn es geht letztendlich ja bei allem um einen klaren Gewinn: Das Selbst in einer Weise zu verwirklichen, die für einen positiv ist. Wer möchte ein abgekämpfter, resignierter Mensch sein? Wer möchte leidenschaftslos durchs Leben gegangen sein, ohne charakteristische Eigenheiten, Vorlieben, Ausprägungen? Wer möchte, dass bei der Grabrede über einen zwischen den Zeilen gesagt wird »Eigentlich war an dem Verstorbenen nichts besonders. Er hat alles versucht und war erschöpft gewesen«?

Und deswegen macht es Sinn, im Leben ab und an innezuhalten und zu überlegen, wo man eigentlich die Prioritäten gerne hätte. Familie, Freunde, Kunst, Beruf, Ehrenamt, Sport, was ist es, was einem so ganz besonders am Herzen liegt? Oder ist es vielleicht so, dass man zwar viel zu erreichen sucht, aber unterm Strich mit nichts zufrieden ist? Selektion, Optimierung und Kompensation können helfen.

Lebenskunst zum Ausprobieren: Die Grabrede schreiben

Es gibt eine Übung, die »Meine Grabrede« heißt. Wie der Titel nahelegt, überlegt man sich hier Worte zum eigenen Tod. Therapeuten setzen die Übung ein, im Coaching hat sie sich ebenfalls etabliert. Aus gutem Grund, denn am Ende zählt nur das gelebte Leben. Welche Menschen waren der verstorbenen Person wichtig? Was hat ihr Leben ausgemacht? Was bleibt über sie zu sagen? Das sind die klassischen Anker, die es für das Schreiben von Grabreden gibt. Und es sind auch die klassischen Anker, die einem gegeben werden, wenn man die hypothetische Grabrede für sich selbst verfasst.

Herauszufinden, was die Quintessenz des eigenen Lebens sein soll, das ist Sinn und Zweck der Übung. Es geht bei ihr ferner darum, einen Raum für Wünsche und Sehnsüchte zu schaffen – die Grabrede ist ja nur ein Gedankenspiel, deswegen kann man völlig frei sein. Und in Sachen Prioritätensetzung kann man so den wichtigen Dingen auf die Spur kommen. Wenn Energie und Ressourcen knapp werden, ist die Übung praktisch, um sich zu sortieren.

Man sollte sich für die Übung eine halbe Stunde Zeit nehmen und braucht überdies Stift und Papier, um seine Gedanken zu notieren. Dann überlegt man sich, was von einem in Erinnerung bleiben soll. »Was möchte ich erreicht haben?« – »Was möchte ich nicht verpasst haben?« – »Was ist mir eigentlich gar nicht wichtig, obwohl es im Moment einen erheblichen Teil meiner Lebenszeit beansprucht?« – »Welche Menschen bedeuten mir wie viel?«

Man stellt sich also Fragen rund um seine kostbare Lebenszeit und setzt sich mit seinen Wünschen und Zielen auseinander. Die eigene Grabrede ist eine gute Methode, um sich mit seinen Prioritäten zu beschäftigen, und sie ist auch ein Dokument, das man benutzen kann, um sich regelmäßig an seine Prioritäten zu erinnern. Das gilt für jedes Lebensalter.

Ein Suchscheinwerfer für die Möglichkeiten

Mit Pragmatismus die Chancen sehen

Auswählen zu können, das ist für den Gerontologen Paul Baltes eine entscheidende Kompetenz, um bei einer Vielzahl von Optionen seine Kräfte zu bündeln. Er hat es als tiefe Einsicht bezeichnet, wenn sich Menschen konzentriert auf bestimmte Ziele beschränken, die sie dann mit Nachdruck verfolgen. Getreu der Sichtweise des griechischen Dichters Hesiod, nach der die Hälfte mehr als das Ganze sein kann.

Im Alter gibt es nun allerdings auch häufig die Entwicklung, dass einem Bedeutsames plötzlich verschlossen ist. Dass es wegfällt, einem weggenommen wird. Es gibt nichts zu optimieren und auch nichts zu kompensieren, die Möglichkeiten stehen schlichtweg nicht länger zur Verfügung.

Besonders die Hochaltrigkeit ist geprägt durch Grenzsituationen, in denen grundlegende Verluste zu verarbeiten sind: Einschränkungen der Unabhängigkeit, der Abschied von der eigenen Wohnung, der Tod des Partners. Solche Ereignisse können ein Selbstbild im Kern erschüttern. Was bleibt übrig, wenn das Leben nicht in gewohnter Weise weitergeführt werden kann?

Es bleibt Erstaunliches übrig, so habe ich es erfahren, als mein Großvater im Alter von 85 Jahren schwer krank wurde und die Perspektive der Pflegebedürftigkeit am Horizont aufgezogen ist. Meinem Empfinden nach nahm er die Entwicklung sehr tapfer hin, einmal sagte er sinngemäß etwas in der folgenden Art: »Eigentlich habe ich ja schon alles erlebt und gemacht. Sollte jetzt nicht mehr so viel dazu kommen, ist das halt so. Am Fenster sitzen und rausschauen, das kann ich weiterhin tun. Also brauche ich ein Zimmer mit schöner Aussicht. Und reparieren oder basteln könnte ich ja auch. Das muss ich mir noch genauer überlegen. Wenn ich etwas Nützliches machen könnte, das wäre gut.«

Die Reaktion meines Großvaters hat mich beeindruckt und zudem war ich erleichtert – ich hatte mit viel mehr Wut und Zorn gerechnet. Aber es war ein ausgeprägter Pragmatismus, den mein Großvater zeigte. Und der ist eben gemeinhin eine besondere Stärke Lebensfortgeschrittener. Bei meiner Großmutter habe ich ihn ebenfalls kennengelernt.

Umdeuten ist auch eine Lösung

Als körperliche Einschränkungen meine Großmutter in ihren letzten beiden Lebensjahren zunehmend an die Wohnung fesselten, entdeckte sie die Freuden des Lesens wieder. Ich hatte den Eindruck, sie glich ihre nun eingeengten Erlebnisräume durch literarisches Erleben aus, durch eine Art geistige Weltreise. Denn sie las vor allem Bücher über fremde Länder und übers Unterwegssein. »Dschungelkind« von Sabine Kuegler beispielsweise, »Tuareg!« von Alberto Vazquez-Figueroa, »Ich bin dann mal weg« von Hape Kerkeling und vor allem auch Romane über ihre verlorene Heimat Ostpreußen – »Endlich habe ich mal Zeit zum Lesen«, das sagte sie dann.

Eingeschränkte Handlungsmöglichkeiten als Chance für verbleibende Möglichkeiten sehen, das ist erstaunlich. Unterm Strich ist es aber natürlich die produktivste Art, mit der Situation umzugehen. Und in der Wirkkraft ist die menschliche Gabe der Realitätsumdeutung nicht zu unterschätzen. »Endlich habe ich mal Zeit …« Obwohl meine Großmutter so viel verloren hatte, konnte man den Eindruck gewinnen, sie hätte nun genau das, was sie sich gewünscht hat.

Vom Glück, das zu wollen, was man tut

»Das Glück besteht nicht darin, dass du tun kannst, was du willst, sondern darin, dass du immer willst, was du tust«, so sagte es der russische Schriftsteller Leo N. Tolstoi. Der Entwicklungspsychologe Jochen Brandtstädter macht es ein Stück griffiger, wenn er diagnostiziert, dass das Gefühl, sein Leben beeinflussen und bestimmen zu können, im Alter wesentlich davon abhängt, dass man die Wünsche auf das abstimmt, was erreichbar ist. Und damit verbunden ist eben auch, dass das inzwischen Unerreichbare als weniger wichtig betrachtet wird. Oder dass sich der von Verlusten Betroffene vielleicht überhaupt nicht mehr dafür interessiert. Und das ist dann gut so. Was bliebe übrig, würden Menschen im Hadern über Verlorenes völlig aufgehen? Nur noch verdorbene Lebenszeit. Frustrationen und grüblerische Niedergeschlagenheit.

Das Unvermögen, etwas loszulassen, ist nachgewiesenermaßen ein Risikofaktor für eine Depression. Sogar die Bibel hat schon davor gewarnt, sich nicht zu verstricken, und empfohlen, mit leichtem Herzen durchs Leben zu gehen. In Jesus Sirach 30, 21–23 gibt es folgende Verse: »Gib dich nicht dem Trübsinn hin, quäle dich nicht selbst mit nutzlosem Grübeln! Freude und Fröhlichkeit verlängern das Leben des Menschen und machen es lebenswert. Überrede dich selbst zur Freude, sprich dir Mut zu und vertreibe den Trübsinn! Der hat noch nie jemand geholfen, aber viele hat er umgebracht. Eifersucht und Ärger verkürzen das Leben, und Sorgen machen vorzeitig alt.«

Ältere – positiv und der Zukunft zugewandt

Wenn man jetzt Menschen in fortgeschrittenem Alter betrachtet, scheinen diese vor den negativen Verstrickungen im Durchschnitt besser gefeit zu sein. James Pennebaker, der Professor für Psychologie an der University of Texas at Austin/USA ist, hat im Jahr 2003 mit seinem Team herausgefunden, dass mit steigendem Alter vermehrt positiv gefärbte und weniger negative Worte verwendet werden.

Dabei ist der Ansatz James Pannebakers interessant und besonders, denn die Pennebakersche Forschung baut auf dem Verräterischen von Sprache auf. Diese Annahme geht auf Sigmund Freud zurück, der grundlegend davon überzeugt war, dass Menschen in ihrem Sprechen viel über sich offenbaren. Par excellence im Freud'schen Versprecher. Jemand will etwas sagen, es kommt aber etwas anderes heraus. Nach Freud zeigt der Mensch, sobald er sich im Wort vertut, womit er insgeheim beschäftigt ist. Verborgene Motive können erkannt werden. Ähnlich sieht es auch James Pennebaker und zählt deswegen bei seiner Forschung aus, wie oft Personen bestimmte Worte verwenden. Dafür nutzt er Interviews, aber auch literarische Texte.

Für eine Untersuchung aus dem Jahr 2003 haben Pennebaker und sein Team 45 Studien ausgewertet und zudem noch die gesammelten Werke von zehn bekannten Autoren aus den letzten 500 Jahren analysiert – darunter William Shakespeare, Jane Austen, Charles Dickens, George Eliot und William Wordsworth. Auf beiden Wegen kam man letztlich gleichermaßen zu eben dem Ergebnis: dass sich der Wortgebrauch über die Lebensspanne hinweg zum Positiveren hin gewandelt hat.

Zudem beobachteten die Wissenschaftler– und zwar entgegen ihrer eigenen Erwartungen –, dass Ältere weniger in der Vergangenheitsform sprachen als dies Jüngere taten. Dafür richteten Ältere ihren Blick mehr in die Gegenwart und in die Zukunft. Diese Orientierung ist ein großes Plus, denn vor Schicksalshadern sind sie so geschützter. Wer nach vorne blickt, gestaltet sein Leben zudem aktiver und führt es im Rahmen des Möglichen weiter.

Die älteste Frau der Welt und ihr Blick nach vorn

Die Rekordseniorin Jeanne Calment (niemand wurde bislang älter als sie) hat ein Alter von 122 Jahren erreicht und gilt als Beispiel par excellence, was ein Mensch verkraften kann, ohne dass er psychischen Schaden nimmt. Ihre Tochter Yvonne starb, als Jean Calment im 60. Lebensjahr war. Ihren Mann verlor sie acht Jahre später. Ihr Enkel kam bei einem Motorradunfall ums Leben, da war sie 88 Jahre.

Jeanne Calment ist mit allen drei Verlusten ebenso gefasst wie zukunftsorientiert umgegangen. Nachdem ihre Tochter gestorben war, lebte deren Sohn bei ihr. Nach dem Tod des Ehemanns nahm sie ihren Bruder auf. Mit 110 Jahren zog Jeanne Calment ins Altenheim und kam auch mit dieser Veränderung zurecht. Das galt sogar auch noch für die letzten Jahre ihres Lebens, in denen sie fast blind und taub war und im Rollstuhl saß. Selbst zu diesen Zeiten konnte sie ausgesprochen witzig und charmant sein. Einen Forscher, der sie im Alter von 120 nach dem Rezept ihres langen Lebens fragte, wies sie darauf hin, dass sie mit 119 das Rauchen beendet hätte. Ein Journalist, der Jeanne Calment in diesem Jahr ebenfalls interviewt hat, erkundigte sich zum Abschluss, ob er sie nächstes Jahr wiedersehe. Ihr Konter: »Warum denn nicht, Sie sehen doch ganz gesund aus.«

Der Humor war eine offensichtliche Stärke Jeanne Calments und ist es auch häufig bei älteren Menschen. Manfred Rommel, der frühere Stuttgarter Oberbürgermeister soll auf die Frage, ob Alzheimer oder Parkinson besser sei, geantwortet haben: »Natürlich Alzheimer, da vergisst man nur, sein Viertele zu bezahlen. Bei Parkinson aber verschüttet man die Hälfte.« Rommel selbst litt an schwerer Parkinson zu dieser Zeit.

Nachgewiesenermaßen hilft Humor Menschen, mit Angstbesetztem umzugehen. Und nachgewiesenermaßen nutzen Ältere auch insbesondere Humor, um sich von schicksalhaften Entwicklungen besser distanzieren zu können.

Humor – ab 50 geht's bergauf

Von William Shakespeare stammen die Worte: »Was die Zeit dem Menschen an Haar entzieht, das ersetzt sie ihm an Witz.« Und aus der Wissenschaft stammen die Zahlen, die belegen, dass dem tatsächlich so ist. Die Psychologen Willibald Ruch, Rene Proyer und Marco Weber haben Daten von mehr als 43 000 Personen analysiert und festgestellt, dass die Humorwerte im Lebensverlauf bis zu einem Alter von 50 Jahren sinken. Dann steigen sie wieder an. Und was die positive Stimmung anbelangt, konnten die Forscher feststellen, dass ihre ältesten Teilnehmer über den Werten aller anderen Altersgruppen lagen. Das passt gut zusammen, denn Humor wird in der Psychologie als wichtige Charakterstärke gewertet – Lebenszufriedenheit und Humor gehen Hand in Hand.

Sehr klug also, dass im Alter der Sinn für Humor bei vielen Menschen weiter zunimmt. Er macht das Leben leichter, auch und gerade bei Verlusten. Professor Willibald Ruch, der als Koryphäe der Humorforschung gilt, versteht Humor als die Fähigkeit, den Widrigkeiten des Lebens mit heiterer Gelassenheit zu begegnen. Getreu dem Motto »Humor ist, wenn man trotzdem lacht«. Und tatsächlich spiegelt sich das auch in der Art des Humors wider, den Ältere schätzen. Die Vorlieben verändern sich nämlich mit der Zeit.

Für ein enorm umfangreiches Experiment des englischen Psychologieprofessors Richard Wisemann haben weltweit und kulturübergreifend 500 000 Menschen aus 70 Ländern Witze bewertet. Dabei fanden mehr als die Hälfte der Personen 60plus einen Witz über Vergesslichkeit lustig, dagegen konnte nur jeder Fünfte der Jüngeren über den Witz lachen. Lebensfortgeschrittene haben ein spezielles Faible für Humor, mit dem die Schwächen des Alters auf die Schippe genommen werden. Sie nutzen den Witz also auch als »letzte Waffe des Wehrlosen«, wie es Sigmund Freud formuliert hat.

Lebenskunst zum Ausprobieren: Humor fürs Leben

Wohl dem also, der auf Humor zurückgreifen kann, in schwierigen wie auch in alltäglichen Situationen. Damit das noch besser klappt, kann man ihn aber auch trainieren, den Humor. Es gibt sogar eine spezielle Humorforschung, die Möglichkeiten sucht, den Humor zu fördern. Und einiges hat sie schon gefunden. Für Menschen in der Lebensmitte könnte das besonders interessant sein, denn die haben ja ein nachgewiesenes Tief in Sachen Lustigkeit und Heitersein.

Als alltägliches und kontinuierliches Trainingsfeld haben sich soziale Kontakte herausgestellt. Bei der schon erwähnten Studie der Psychologen Ruch, Proyer und Weber kam nämlich auch heraus, dass Ältere, die sich häufiger mit Freunden treffen, einen größeren Sinn für Humor haben als diejenigen, die einen sporadischen Kontakt zu ihrem Freundeskreis pflegen. Altersübergreifend ist es ebenfalls so, dass Lachen etwas ist, das im Austausch mit anderen geschieht. Es ist schön, wenn man für sich selbst lachen kann. Aber die Regel ist es einfach nicht.

Trainieren lässt sich der Humor jedoch durchaus alleine. Mit einem Humortagebuch zum Beispiel. Das ist eine nette Methode, um den Blick für das Vergnügliche im Leben zu schärfen. Dafür gilt es, zumindest jeden Tag einmal gezielt darüber nachdenken, was einem Lustiges passiert ist. Man notiert sich in einem Tagebuch dann drei Erlebnisse, Gedanken oder Begegnungen, die man erheiternd fand. Am Anfang dauert es vielleicht etwas länger, den Tag nach seinen Lustigkeiten zu durchforsten, doch wenn der Humorsinn geschärft ist, dann geht es schnell von der Hand.

Vom Realitätssinn und der Demut Älterer

Wenn also Humor eine spezielle Form ist, Distanz zu entwickeln, so ist er oft auch der erste Schritt, innerlich von etwas Abschied zu nehmen, was nicht mehr möglich ist. Dabei kann eine realistische Sicht der Dinge durchaus sehr befreiend sein. Schon 1890 hat William James, der als einer der Begründer moderner Psychologie gilt, herausgearbeitet, welche seelische Last von einem Menschen abfällt, sobald er nicht länger Unerreichbarem nachhängt. Mit jeder Illusion, die ein Mensch streicht, erspart er sich eine Enttäuschung. Letztendlich geht es um die Überwindung eines negativen Lebensgefühls.

Ein sehr starkes Zeichen dazu hat Papst Benedikt XVI. im Jahr 2013 gesetzt. Weil ihm das Alter die Kraft zum

Regieren genommen hatte, legte Papst Benedikt XVI. mit 85. Jahren das Amt des Papstes nieder. In den letzten 700 Jahren war solches nie geschehen. Ja, es war eine Revolution und gleichzeitig hatte dieses Handeln viel mit Demut vor sich selbst zu tun. Auch mit Selbstmitgefühl. Das Loslassen alter Maßstäbe ist mit der Entwicklung neuer Perspektiven unabdingbar verbunden. Dafür kommt der Mensch der Möglichkeit eines gelingenden Lebens wieder näher. Der Möglichkeit von Zufriedenheit mit sich.

Der Psychologe William James hat auch festgestellt, dass das Selbstgefühl eines Menschen wesentlich von Erfolgserlebnissen und Zielerreichungen abhängt. Und nicht nur die Erhöhung der Kraftanstrengung kann letztlich zu solchen führen, sondern ebenso das Senken der Ansprüche.

Nachgewiesenermaßen ist es so, dass sich Ältere eher umorientieren, sollte etwas nicht mehr gehen. Jüngere halten mehr an ihren Vorstellungen fest und sind bereit, ihre Energieinvestitionen zu erhöhen. Letztendlich sind Verfolgen wie auch Loslassen bedeutsame Strategien, es hängt von der Situation ab, welche Maßnahmen sich als passend und geeignet erweisen. Wenn ein Partner stirbt oder bestimmte körperliche Abbauprozesse Möglichkeiten für immer nehmen, ist Akzeptanz gefragt. Dass Ältere gerade im Akzeptieren ein besonderes Vermögen besitzen, ist sinnvoll. Die im Alter typischen Schicksalsschläge erfordern dies.

Allerdings mehren sich in letzter Zeit Stimmen, nach denen auch Jüngere viel öfters einen Abschied von Lebensentwürfen erwägen sollten. Dies wäre besser als das unermüdliche Kämpfen gegen Windmühlen. Eine neuere

Form der Psychotherapie ist die sogenannte Akzeptanz-
und Commitmenttherapie. Bei dieser geht es insbesondere um die Problematik, dass Menschen zunehmend
nicht akzeptieren können, wenn etwas nicht zu ändern
ist.

Warum es ein »Geht nicht« gibt

Wie oft habe ich in meinem Leben schon ein »Geht nicht,
gibt's nicht« gehört – im Beruf, im Sport, in privaten Dingen? Es soll etwas realisiert werden, obwohl die Bedingungen dafür nicht mehr stimmen. Und so passiert in der
auf Erfolg getrimmten Welt, dass sich Menschen in die
Erschöpfung arbeiten, dass sie sich für etwas einsetzen,
bis sie ausgebrannt sind, einen Burnout haben. Allerdings
ist es auch ein gesellschaftliches Credo, dass alles mach-
bar sei. Oder sollte man besser von einem gesellschaftlichen Irrglauben reden?

Der Entwicklungspsychologe Jochen Brandtstädter
spricht in seinem Buch »Das flexible Selbst« das Problem
einer fordernden Wirtschaftswelt an. Er sieht eine dring-
liche Notwendigkeit, deren Begehrlichkeiten in den Griff
zu kriegen. Denn indem die wirtschaftlichen Optimie-
rungs- und Maximierungsprinzipien immer stärker in die
persönlichen Lebensbereiche hineinspielen, überfordern
Geschwindigkeiten und Ansprüche heute viele bereits in
jüngeren Jahren. Energie- und Zeitknappheit produzieren
ein Gefühl des Ausgeliefertseins.

Nach Jochen Brandtstädter verlangen die gegenwärti-
gen Bedingungen die Fähigkeiten, die Ältere einsetzen:

mit körperlichen und psychischen Kräften bewusst und schonend umzugehen, sich und sein Befinden im Blick zu haben und sich an beschränkte Möglichkeiten anpassen zu können. All das sind heute hochaktuelle Themen – allerdings für jedes Alter, diagnostiziert Brandstädter. Insofern gilt für jüngere und vor allem für diejengen in den prall gefüllten mittleren Lebensjahren: Achtsamkeit und Selbstmitgefühl sind angesagt. Daran gilt es wirklich zu denken.

Maßstäbe sind relativ, sie können relativ viel Energie kosten. Und neue Maßstäbe können relativ viel Energie einsparen helfen.

Lebenskunst zum Ausprobieren: Das Pareto-Prinzip

Das Anpassen von Maßstäben ist ein gewinnbringender Weg für mehr Energie und Lebenszufriedenheit. Doch wie soll man vorgehen, um aus den Gewohnheiten auszubrechen? Eine Möglichkeit bietet das Pareto-Prinzip, also die 80:20-Regel, die der italienischen Nationalökonom und Soziologe Vilfredo Pareto schon Ende des 19. Jahrhunderts entdeckt hat.

Die Regel Paretos besagt, dass man mit 20 Prozent des Aufwandes 80 Prozent der Wirkung erreicht. Wer alles immer perfekt haben will, investiert fünfmal mehr Zeit als jemand, für den 80 Prozent in Ordnung sind. Und das ist doch wirklich ein Wort, wenn die Dinge weniger anstrengend werden sollen.

Das Pareto-Prinzip mit seiner 80:20-Regel ist tausendfach in der Praxis belegt: Aus der Wirtschaft weiß man, dass 20 Prozent der Produkte 80 Prozent des Gewinns machen; aus der verkehrswissenschaftlichen Forschung weiß man, dass 20 Prozent der Stadtstraßen 80 Prozent des Stadtverkehrs auffangen; aus dem Alltag weiß man, dass 20 Prozent der Kleidung zu 80 Prozent getragen werden und dass 20 Prozent der Hausarbeit 80 Prozent der Wohnung in Ordnung halten. Unterm Strich bringt das Pareto-Prinzip auf den Punkt, dass 20 Prozent der Zeitinvestition zu 80 Prozent des Erfolges führen. Perfektion in allen Dingen anzustreben ist ziemlich unwirtschaftlich. Sinnvoller ist das gezielte Investieren in ausgewählte Dinge und dafür andere Aufgaben gemeinhin unterhalb der Perfektionsgrenze zu erledigen.

Das praktische am Pareto-Prinzip ist auch sein Kompromisscharakter. Denn oft kann man berufliche und familiäre Pflichten selbst bei Energieknappheit nicht unerledigt lassen. Abgesenkte Maßstäbe sind aber möglich und sparen dennoch 80 Prozent der Energie. Sie sind ein gangbarer Weg, um wieder zufriedener mit dem Möglichen zu sein. Um mit einem »Alles geht nicht« besser zu leben.

Von den Vorteilen, eine reife Persönlichkeit zu haben

Von Heldencharakteren, seelischer Widerstandskraft und mehr

Es sind in erster Linie Abhängigkeiten, die viele vor Augen haben, wenn sie an das Alter denken – vor allem an das der sehr hohen Lebensjahre. Hochaltrigkeit trägt den Beigeschmack des Ausgeliefertseins und generell den eines ungünstigen Schicksals. Bei einer Befragung der Zurich Gruppe Deutschland sorgten sich acht von zehn Befragten (81 Prozent) insbesondere um Krankheiten im Alter, vier von zehn Personen befürchteten (41 Prozent) einen allgemeinen Verlust der Lebensfreude. Die Furcht, im Alter zu vereinsamen, beschäftigte rund ein Drittel der Befragten.

Tatsächlich ist es aber so, dass selbst hochaltrige Menschen gemeinhin nicht unzufrieden sind – im Gegenteil. Dafür tun sie ja auch so einiges: Sie gestalten ihre Umwelten, nutzen und entdecken Handlungsspielräume, verarbeiten Verluste und leben ihr Leben auf andere Art weiter. Der russische Schriftsteller Leo N. Tolstoi erklärte anerkennend: »Alter ist Freiheit, Vernunft, Klarheit, Liebe.«

Wenn der Entwicklungspsychologe Jochen Brandtstädter zudem diagnostiziert, dass das Alter viele Menschen näher zu den klassischen Tugenden bringt, dann mutet es fast schon an, als brächte das Alter Helden hervor. Wobei das klassische Bild der Heldenreise durchaus passt. Ein unverzagter Mensch, der aus dem Unbehagen heraustritt, um sein Leben in die Hand zu nehmen – dem ist gleichermaßen bei Älteren und bei Helden so. Dass Brandtstädter konkret einen Zuwachs an Aufrichtigkeit, Tapferkeit, Mäßigung und Nächstenliebe bei Älteren sieht, gibt dem Bild weiterhin Farbe und Kontur.

Tatsächlich bestätigt die Forschung, dass Charakterstärke die höheren Lebensjahre prägt. Angefangen bei der besagten moralischen Stärke über die seelische Widerstandkraft hin zu mehr sozialer Kompetenz. Wenn man das Zitat Leo N. Tolstois mit den Forschungserkenntnissen ergänzte, würde es ziemlich lang werden: Alter ist Freiheit, Vernunft, Klarheit, Liebe, Lebensgestaltungskraft, Authentizität, Engagement für andere, Tatkraft, Akzeptanz, Optimismus, Ausdauer, Kontrollvermögen, Erfolgsgefühl, emotionale Stabilität, Gewissenhaftigkeit, Umgänglichkeit, Diplomatie und und und ... Oder man kürzt es ab und formuliert ganz unbescheiden mit den bereits in der Einleitung für dieses Buch zitierten Worten des US-amerikanischen Filmschauspielers Jack Nicholson: »Älter werden heißt auch besser werden.« Denn tatsächlich spielen die verschiedenen Lebensmanagementstrategien Älterer zusammen und ergeben eine Persönlichkeit, die durchaus etwas Heldenhaftes hat – mit der Tugendhaftigkeit fängt es an.

Ältere als die Tugendhaften der Gesellschaft

Dass der Entwicklungspsychologe Jochen Brandstädter die Tugendhaftigkeit der Älteren hervorhebt, hat mit den Erkenntnissen einer Studie zu tun, die den Namen »Sinnperspektiven und Lebenszeitreserven: Handlungs- und Sinnorientierungen im höheren Alter und bei Vergegenwärtigung des Lebensendes« trägt. Für diese haben Brandtstädter und Kollegen 395 Personen im Alter von 35 bis 85 Jahren gefragt, wie wichtig fünf Themenbereiche für sie persönlich sind. Es ging um erstens »Authentizität«, zweitens »Macht und Erfolg«, drittens »Engagement für andere und Spiritualität«, viertens »Intimität« und fünftens »Kompetenzerwerb«.

Bei der Auswertung der Antworten stellten sich dann Veränderungen heraus, besonders ausgeprägt im Bereich »Engagement für andere und Spiritualität«. Für die über 55-Jährigen gewann dieser immens an Bedeutung. Im Bereich der »Authentizität« legten diese ebenfalls zu – es wird mit dem Alter wichtiger, zu seinen Überzeugungen zu stehen und sich zu geben, wie man ist. Dagegen nehmen die Werte von »Macht und Erfolg« und »Kompetenzerwerb« ab.

Jochen Brandtstädter betont zwar, dass diese tugendhaftere Orientierung nicht unabdingbar und automatisch bei jedem Älteren auftrete. Doch die Regel sei, dass ältere Menschen insgesamt deutlich mehr zu den klassischen Tugenden tendieren. Das Gewahrwerden der eigenen Sterblichkeit mache Ziele, die auf einen selbst ausgerichtet sind und die erst zukünftige Erträge haben, weniger bedeutsam. So ergibt sich die Orientierung an höheren

Werten, zu der auch noch ein ganz eigenes Selbstbewusstsein hinzukommt. Denn Helden haben ja nicht nur Tugend, sondern auch die Überzeugung, mit Tatkraft etwas bewegen zu können.

Vom Anwachsen der Kontrollüberzeugungen in höheren Lebensjahren

In diesem Buch war es ja schon Thema, dass Ältere durchaus beherzt ändern, wo es etwas zu ändern gibt. Sie sortieren ihr soziales Netzwerk, befreien sich von Relikten der Vergangenheit und gestalten ihre Lebensziele aktiv. Dahinter steht ein großer Sinn: Nachgewiesenermaßen fühlen sich Menschen wohler in ihrer Haut, wenn sie der Meinung sind, ihr Leben einerseits im Griff zu haben und andererseits Einfluss darauf nehmen zu können. Weniger lebenszufrieden sind dagegen Menschen, die sich den äußeren Zuständen ausgeliefert sehen. Es ist Glück, es ist Zufall, es ist Pech, es ist Verhängnis ... daraus setzt sich ihr Erleben zusammen. Auch was die Zukunft anbelangt, sind diese Menschen beunruhigt, denn sie erscheint unsicher und unberechenbar.

Interessant ist, dass solche Abhängigkeitsgefühle bei Menschen unter 60 stärker zugegen sind. Oder umgekehrt formuliert: Im Alter gibt es die wunderbare Entwicklung, dass Menschen zunehmend der Ansicht sind, Gestalter ihres Lebens zu sein. Ein Anwachsen der sogenannten Kontrollüberzeugungen ist zu diagnostizieren, das hat eine Forschergruppe um die Leipziger Psychologin Jule Specht herausgefunden.

Die Wissenschaftlerinnen und Wissenschaftler haben dazu Angaben von knapp 9500 Menschen ausgewertet, die zwischen 1999 und 2005 im Rahmen der Langzeitstudie SOEP erhoben worden sind. SOEP steht für soziooekonomisches Panel und damit für eine Befragung, die im jährlichen Rhythmus seit 1984 bei denselben Personen und Familien durchgeführt wird. Durch die Regelmäßigkeit der Erhebung kann man Veränderungen im Lebenslauf sehr gut analysieren und dabei eben auch die erstaunliche Tatsache beobachten, dass die Kontrollüberzeugungen in einer U-Kurve verlaufen: Bei jüngeren Menschen zwischen 20 und 40 Jahren nehmen die Kontrollüberzeugungen zu. Im Alter zwischen 40 und 60 Jahren sinkt das Vertrauen, sein Leben selbst in der Hand zu haben. Danach steigt es wieder und hält sich wacker – unabhängig von der Situation. Selbst am späten Lebensabend und selbst bei schwerer Krankheit – so wie sie bei Hochaltrigen häufiger vorkommt –, ist der Glaube, Herr seines Lebens zu sein, noch beträchtlich ausgeprägt. Objektiv besehen gibt es zwar erhebliche Einbußen in Sachen Kontrolle. Aber wie so oft sind objektive Gegebenheiten und subjektives Bewusstsein zweierlei Paar Schuh.

Vom Loslassen und Finden neuer Perspektiven

Selbst wenn man keine Kontrolle über die Geschehnisse mehr hat, so hat man dennoch Kontrolle über die Bedeutung, die man ihnen gibt. Und darüber, wie man künftig mit ihnen umgehen wird. Mit einer Umorientierung kann man sich also sogar bei widrigsten Bedingungen das Gefühl erhalten, sein Leben im Griff zu haben. Sollte zum Beispiel ein Autofahrer wegen chronischer Bewegungseinschränkungen im Halswirbelbereich sein Fahrzeug nicht mehr führen können, dann ist daran nun leider nichts mehr zu ändern. Einparkhilfe hin oder her. Aber die Person kann neue Perspektiven entwickeln und es ist gut, wenn darin auch etwas Positives enthalten ist. Sollte sie es schaffen, etwas von folgender Art zu denken, dann hat sie die Kurve zur Akzeptanz gut hinbekommen und kann den verbleibenden Möglichkeiten Attraktives abgewinnen: »Ach, der Verkehr ist mir inzwischen sowieso zu turbulent geworden. Busfahren erspart auch noch die Parkplatzsuche. Das ist alles gar nicht so schlecht.«

Im Loslassen von Vorstellungen und im Finden neuer Perspektiven wird man mit dem Altern immer trainierter, zumindest, wenn es ein Altern ist, das aktiv gelebt wird. Denn es begegnen einem regelmäßig Abschiede von Lebensmöglichkeiten. So haben Frauen bereits im mittleren Lebensalter die Wechseljahre zu verarbeiten und müssen sich von der Rolle einer gebärfähigen Frau lösen. Für andere ist es der Auszug der Kinder, der das Bewusstsein für grundlegende Veränderungen schärft. Die Rente, die das Berufsleben abschließt, ist ein weiterer tiefer Einschnitt. Das Akzeptieren gehört zum Leben und das Altern fragt es so beständig ab, dass viele Ältere auch in Grenzsituationen gut darin sind, das Licht unter dem Scheffel zu entdecken.

Ältere denken also oft besonders problemlösungsorientiert und sind im Verkraften von verschlossenen Lebensmöglichkeiten bewandert. Heute benutzt man in diesem Zusammenhang zunehmend das Wort Resilienz. Resilienz ist das, was uns stark macht. Es ist eine besonders hartnäckige Bindung zum Leben, die resiliente Menschen haben.

Resilienz – wenn Ältere viel Sommer in der Seele tragen

Der französische Schriftsteller und Philosoph Albert Camus hat gesagt:»Mitten im Winter habe ich erfahren, dass es in mir einen unbesiegbaren Sommer gibt.« Das ist ein wunderbares Bild für beherzte Widerstandsfähigkeit. Oder besser gesagt für die Resilienz, denn in der Psychologie hat der Begriff in den letzten Jahren einen ungemeinen Aufschwung erfahren.

Menschen, die Resilienz besitzen, nehmen die Herausforderungen des Lebens an, nehmen es mit ihnen auf, ja führen ihr Leben danach sogar gestärkt weiter. Gerne wird das Phänomen der Resilienz auch mit einem Stehaufmenschentum verglichen, bei dem sich Anpassungsvermögen wie auch Widerstandskraft gegen höhere Mächte vereinen.

Allerdings ist es nur einem Teil der Menschen vergönnt, so flexibel mit den Unwägbarkeiten des Lebens umzugehen. Ein anderer fühlt sich eher hilflos in Krisen und kommt schwerer wieder auf die Beine. Dementsprechend ist es eine große Gabe, resilient zu sein. Resilienz ist wünschens- und erstrebenswert.

Viele ältere Menschen haben eine wirklich enorme Verarbeitungskompetenz und demonstrieren par excellence, wie Resilienz geht. In diesem Buch gab es das eindrucksvolle Beispiel Jeanne Calmets, die den Tod ihrer Tochter, ihres Enkels und ihres Ehemanns erlebt hat, ohne daran zu verzweifeln. Nein, die im Gegenteil einen solchen Lebenswillen besaß, dass sie die älteste Frau der Welt wurde.

Für mein Studium habe ich vor einiger Zeit in einer Reha-Klinik ein kurzes Praktikum gemacht. Dort bin ich einer solchen Fülle von Stehauf-Menschen begegnet wie niemals in meinem Leben zuvor. Einer Frau zum Beispiel, die ihren Ehemann verloren hat, derweil sie selbst einen Krebs überlebte. Als sie wieder nach Hause kam, ist sie nach zwei Tagen gestürzt und hat sich im Alter von 84 Jahren die Hüfte gebrochen. Zwar war sie mit dem Ziel in der Klinik, dort die Selbstständigkeit wiederzuerlangen – aber es gab leider auch ein großes Fragezeichen, ob das möglich ist. Sie kämpfte trotzdem weiter. Eine tapfere Heldin, wie so viele andere in dem Krankenhaus dort. Geschichten, in denen sich existenzielle Schicksalsschläge reihten, gab es keineswegs nur in Ausnahmefällen. Eher waren sie die Norm.

Die reife Persönlichkeit – ein eigenes Erfolgssystem

Wenn nun Ältere ein Leben leben, das auf vielfältige Weise beeindruckend ist – weil es trotz Verlusten ein Weitermachen gibt, weil es gewissermaßen authentischer, tugendhafter und tapferer geführt wird –, so stellt sich leise oder auch lauter die Frage: Sind Ältere denn nicht irgendwie die besseren Menschen – in dem, wie sie ihr Leben gestalten, sich und andere wichtig nehmen? Und auf diese Frage gibt die neuere Forschung tatsächlich eine Antwort. Der Forschung nach gewinnt die Persönlichkeit im Durchschnitt mit den Jahren, sie prägt sich in positiver Hinsicht weiter aus.

2014 ist eine australische Studie veröffentlicht worden, an der über 16 000 Personen teilgenommen haben. In der Studie, die der Psychologie-Professor Christopher J. Soto leitete, ging es um die Frage, wie sich Persönlichkeitsmerkmale im Lebensverlauf verändern. Und es zeigte sich, dass sich die emotionale Stabilität, die Gewissenhaftigkeit und die Umgänglichkeit zwischen dem 20. und 65. Lebensjahr gesteigert haben, diese Altersspanne deckten die Untersuchungsteilnehmer nämlich ab. Dafür gingen die Nervositäten, die Unruhe und die Nach-außen-Gewandtheit zurück.

Bei den Älteren gab es auch eine zunehmende Introversion, der Blick auf sich selbst wurde ausgeprägter. Die Forscher sahen damit aber durchaus angenehme Veränderungen verbunden. Verständnis, Großzügigkeit und Toleranz erhöhten sich mit den Lebensjahren, es wurde mehr verziehen, es wurde mehr durchgewunken, man war entspannter, sich selbst und anderen gegenüber.

Dass Ältere in sozialer Hinsicht gewinnen, das bestätigen andere Forschungen ebenfalls. Das alte Märchenbild der lieben verständnisvollen Großmutter, das deckt sich durchaus mit der Realität, nur dass die Großmütter heute wesentlich moderner aussehen und auftreten.

Doch woher kommt diese Milde und Lässigkeit im Alter? Vielleicht weil Ältere selbst schon so viel erlebt haben und sich besser in andere hineinversetzen können? Das spielt wohl mit hinein, aber die australischen Forscher haben in ihrer Studie ein interessantes Wechselspiel zwischen Persönlichkeitsfaktoren und Wohlbefinden ausgemacht.

Lange Zeit ging man nämlich davon aus, dass Charaktermerkmale einem Menschen unveränderlich gegeben sind. Doch inzwischen weiß man, dass es auch auf Rückmeldungen von außen ankommt. So trivial es klingt, aber die wichtige Erkenntnis ist: Menschen können sich verändern.

Die fünf Persönlichkeitsfaktoren und die Frage nach dem Glück

Auf Deutsch trägt die australische Studie zum Zusammenhang von Persönlichkeit und Wohlbefinden den Titel: »Sind Glück und Zufriedenheit gut für die Persönlichkeit?« Und kurz und zusammenfassend lautet die Forschungsantwort: Ja, das sind sie.

Doch natürlich wollte man auch genauer wissen, wie und warum dem so ist, und arbeitete dafür mit dem sogenannten Fünf-Faktoren-Modell (im englischen Original heißt es »Big Five«), um die Entwicklung der Persönlichkeit erfassen zu können.

Das besagte Fünf-Faktoren-Modell geht davon aus, dass sich die Persönlichkeit aus fünf Hauptdimensionen zusammensetzt. Die jeweilige Ausprägung bestimmt dann, ob die positiven oder die negativen Gefühle bei einem Menschen überwiegen. Offenheit für Erfahrungen, Verträglichkeit und Gewissenhaftigkeit sind drei Dimensionen der Persönlichkeit. Außerdem spielen noch der

Neurotizismus, der die emotionale Labilität eines Menschen einstuft, und die Extraversion mit ein, bei der es um die zwischenmenschlichen Aktivitäten geht.

Untersuchungen haben inzwischen vielfältig bestätigt, dass es denjenigen Menschen besser geht, die mit einem geringen Grad an Neurotizismus und guten Werten in den vier anderen Bereichen gesegnet sind. Menschen mit wenig Offenheit, Verträglichkeit, Gewissenhaftigkeit und Extraversion sind weniger lebenszufrieden, ihr Wohlbefinden bleibt unter den Möglichkeiten.

Aber ganz statisch ist es eben nicht mit den Persönlichkeitsmerkmalen und dem Wohlbefinden, denn es gibt in beide Richtungen ein Wechselspiel. Es ist die Option des Zugewinns möglich, aber ebenso die der Abnahme in bestimmten Bereichen.

Wie sich Erfolg und ein positives Lebensgefühl bedingen

Im Fall des Zugewinns findet eine Art des Hochschaukelns zwischen Wohlbefinden, Erfolg und Persönlichkeitsmerkmalen statt. Der Mechanismus kann prima beobachtet werden, wenn man sich den sozialen Bereich anschaut – es ist wieder eine Art der sich selbst erfüllenden Prophezeiung, die ihren Lauf nimmt: Denn wer offen und mit guter Laune auf andere zugeht, dem sind die Menschen freundlicher zugetan. Und wer positive Erfahrungen mit Menschen hat, der ist Menschen wiederum offener zugewandt. Wie bei Henne und Ei bedingt das eine das andere und umgekehrt. Sozialer Erfolg führt zu Wohlbefinden und Wohlbefinden zu sozialem Erfolg. Und wer in diesem Wechselspiel einmal drin ist, den führt eine Treppe des Erfolgs nach oben. Und auch bei den anderen Faktoren verhält es sich nach diesen Regeln. Sie schaukeln sich hoch und bedingen und nutzen gleichermaßen ein vorhandenes Lebensgefühl.

Im Ergebnis kann eine Persönlichkeit so im Laufe der Jahre erheblich gewinnen, was bei dem größeren Teil der Älteren auch geschieht. Praktisch ist natürlich, dass Ältere überdies und allgemein viel in die Optimierung ihrer Umwelt investieren. Auch das erhöht Erfolgsgefühle, die positive Aura und das Wohlbefinden. Im Zusammenhang mit den sozialen Kontakten hatte ich geschrieben »Glück ist eine Art Lauffeuer, für Unglück gilt dies aber umgekehrt auch«. Und genauso verhält es sich letztlich bei der Persönlichkeit.

Leider ist nämlich auch eine Verlustdynamik denkbar: Wer seiner Umwelt eher verhalten gegenübersteht, strahlt das aus und erhält im Gegenzug auch negative Rückmeldungen. Die verstärken wiederum die Unzufriedenheit, was Menschen Attraktivität nimmt und auch Beherztheit. Und so werden mit dem Fortschreiten des Lebens aus unglücklichen Menschen immer unglücklichere. Zumindest gesetzt den Fall, dass es keine Unterbrechung dieses Prozesses gibt. Im Bereich Umwelt lässt sich ja durchaus etwas zum Positiven verändern, wie dies die gelingend alternden Menschen demonstrieren. Und auch im Bereich der Ziele und in dem, wie wir unseren Tag verbringen, können wir etwas für positive Erfahrungen tun.

Wie ganz genau die Gestaltungsspielräume verteilt sind, darauf hat die Sozialpsychologin Sonja Lyubomirsky einen Blick geworfen. Sie und ihr Team haben verschiedene Forschungsergebnisse zusammengeführt und ausgewertet. Dabei haben sie herausgefunden, dass sich Lebenszufriedenheit und Wohlbefinden zu 40 Prozent aus Aktivitäten, zu 10 Prozent aus den Lebensumständen und zu 50 Prozent durch die Veranlagung ergeben.

Insofern ist es innerhalb wie außerhalb der Lebensphase Alter von erheblichem Vorteil, das Leben mit Erfolgserlebnissen anzureichern. Einen inspirierenden Ansatz, wie man dabei vorgehen kann, hat der Arbeits- und Gesundheitspsychologe Ben Fletcher entwickelt.

In seiner Forschung beschäftigt sich Fletcher insbesondere mit der Eigendynamik positiven Erlebens, und er empfiehlt eindringlich, sich regelmäßig seine Dosis Triumph zu bereiten. Sein vorgeschlagener Weg ist ein einfacher: einmal täglich etwas anders machen als sonst, damit man den Sieg über den inneren Schweinehund feiern kann.

Lebenskunst zum Ausprobieren: Täglich ein Triumph

Ben Fletcher ist Professor für Arbeits- und Gesundheitspsychologie an der Universität Hertfordshire. Zusammen mit seiner Kollegin Karen Pine hat er das Buch »Flex« geschrieben, in dem die beiden ihre Leser ermuntern, täglich doch einmal anders zu sein als sonst. Es sei schlecht für die Gemütslage, starre Muster im Leben zu verfolgen, so argumentiert Fletcher, Studienergebnisse hätten die Zusammenhänge aufgezeigt. Auch bei Übergewicht wäre

Flexibilität der passende Ansatzpunkt, eine weitere interessante Ansicht Fletchers. Schlechte Stimmung mache anfällig für Frustschokolade und andere fettreiche Tröstereien. Studien, die von ihm durchgeführt wurden, hätten aufgezeigt, dass Menschen, die aufgefordert waren, täglich etwas Ungewohntes zu tun, größere Diäterfolge hatten als die Vergleichsgruppen.

Kurz und gut, für Fletcher ist es die Flexibilität, die erfolgversprechend Laune und Handeln verändern kann. Allein schon weil das Andersmachen ein Erfolgserlebnis mit sich bringt.

Dinge anders zu tun als sonst ist im Konzept Fletchers eine tägliche Aufgabe. Das fängt bei Kleinigkeiten an. Anders zur Arbeit gehen, anderswo einkaufen, eine neue Art die Haare zu tragen – der Fantasie sind keine Grenzen gesetzt. Und dann gibt es noch den Bereich der größeren Herausforderungen, bei denen sich der Mensch entgegen seiner eigentlichen Persönlichkeitsanlagen verhalten soll. Diese sind noch wirksamer, weil sie tiefer greifen und mehr Überwindung kosten.

Um sich diese größeren Aufgaben zu überlegen, schaut man sich selbst prüfend an und entwirft darauf aufbauend entgegenlaufende Handlungsideen. Ein Vollblut-Organisator könnte sich vornehmen, einen Tag unverplant und ohne Uhr zu verbringen. Ein durchsetzungsfähiger Mensch könnte sich einen Tag in diplomatischer Zurückhaltung üben. Eine sonst sehr entgegenkommende Person könnte ihre Wünsche und Vorstellungen einen Tag lang ganz bewusst auf Platz 1 setzen und dort sitzen lassen.

Es ist tatsächlich ein spannendes Persönlichkeitsexperiment, solches zu tun und zu wagen. Und es ist ein Weg, sich täglich ein Erfolgserlebnis zu schaffen. Überdies trainiert es die Flexibilität, die wichtig ist, um mit den Unwägbarkeiten des Lebens umzugehen.

Am besten plant man für eine Woche verschiedene Aufgaben von unaufwendig bis zu einer Tagesaufgabe fürs Wochenende und trägt sie verbindlich in den Kalender ein. Wenn sich am entsprechenden Tag neue Chancen für ungewohntes Verhalten ergeben, macht das ja nichts. Immerhin ist man ja flexibel oder gönnt sich auch ein zweites Erfolgserlebnis am Tag …

Von den Nachteilen, eine reife Persönlichkeit zu haben

Vorstellungen vom Alter, die schaden

»Du kannst dein Leben nicht verlängern noch verbreitern, nur vertiefen« – so hat es der Schriftsteller Gorch Fock formuliert. Ich bin begeistert davon, dass viele Ältere auf eindrückliche Weise demonstrieren, wie man eine solche Vertiefung erreichen kann. Zitate, die das Vermögen Lebensfortgeschrittener poetisch auf den Punkt bringen, finde ich toll. Ich sammle sie, wie Sie bei der bisherigen Lektüre dieses Buches zweifellos schon bemerkt haben. Zu meinen Fundstücken gehört auch eine schöne Äußerung des amerikanischen Dramatikers Thornton Wilder: »Mit Vierzig fängt man an, das Wertvolle zu suchen, und mit Fünfzig kann man anfangen, es zu finden.« Und wunderbar auch ein Satz der französischen Schriftstellerin Simone de Beauvoir: »Altern heißt, sich über sich selbst klar werden.«

Generell würde ich also sagen, dass ich dem Thema Alter positiv und interessiert zugewandt bin. Immerhin studiere ich Alternswissenschaft, habe vom zweiten bis zum 22. Lebensjahr bei meinen Großeltern gelebt und bin voller Sympathie für ältere Menschen. Aber dennoch ist mir kürzlich passiert, dass bei einem Test im Internet mein mentales Alter 13 Jahre jünger geschätzt worden ist, als ich tatsächlich bin. Unvermittelt habe ich mich gefreut, ob meines scheinbar so jungen Geistes. Und unvermittelt habe ich mich geärgert, ob meines partiellen Jugendwahns.

Vorurteile sind einfach hartnäckig und man ist geprägt durch die Kultur, in der man aufgewachsen ist. Und es ist ein enorm starker Einflussfaktor, dass gesellschaftlich Jugendlichkeit als erstrebenswert gilt. Selbst wenn in letzter Zeit die sogenannten »jungen Alten« von der Öffentlichkeit Aufmerksamkeit erhalten, braucht man sich nichts vorzumachen. Das, worauf man interessiert den Blick wendet, ist das Wörtchen »jung« in diesem Zusammenhang. In der Werbung werden die jungen Alten, die zwischen Mitte 50 und Mitte 60 sind, ja gerne wie ergraute Teenies präsentiert, die möglichst viel unternehmen, ehe es zu spät dafür wird. Aber macht das diese Lebensphase in der Realität wirklich aus? Breite Erlebnis- und Konsumorientierung? Das vermittelte Altersbild ist eigentlich keine realistische Abbildung des Wesens der »jungen Alten«, denn auch ihnen geht es schon um Konzentration und um Bedeutsamkeit.

Und was ist eigentlich, wenn die »jungen Alten« einmal »alte Alte« sind, wenn ihr Leben durch Abbau und Verluste geprägt ist? Dann findet man tatsächlich eine sehr skeptische Sichtweise des Alters in der Bevölkerung. Einer Studie der Zurich Gruppe Deutschland nach möchten zwar 99 Prozent der Befragten mindestens 70 Jahre alt werden, aber nur noch jeder Dritte mindestens 90 Jahre alt. Den 100. Geburtstag wollen sogar nur noch knapp 16 Prozent erreichen. »Bloß nicht 100 werden«, so kann man das Denken einer Mehrheit zusammenfassen, »und auch nicht 90.«

Doch die Realität der Hochaltrigkeit sieht anders aus, erstaunlich viel Lebenszufriedenheit kennzeichnet diese Lebensjahre. Es ist wohl kein Fehler, 100 Jahre alt zu werden, oder zumindest in den Bereich zu gelangen. Die Zweite Heidelberger Hundertjährigen-Studie hat ergeben, dass der allergrößte Teil der Menschen dann noch gut lebt – über 80 Prozent sind mit ihrem Leben zufrieden. Und 56 Prozent sagen »Ich bin so glücklich wie früher«. Trotz all der Einschränkungen und Ressourcenverluste, die ein stolzes Alter mit sich bringt.

Die große Liebe zum Leben mit 100 Jahren

Eine große Liebe zum Leben zeigen auch 100-Jährige in anderen Ländern. Für eine US-amerikanische Studie wurden 104 100-Jährige gefragt, wie sie sich fühlen. 36 Prozent antworteten mit »selig« und 31 Prozent mit »glücklich«. Es gab nicht einen, der seinen Zustand als traurig oder als belastend beschrieben hat. Es sieht insgesamt und unterm Strich alles gut aus, was das Befinden der sehr alten Menschen anbelangt. Und vielleicht stellt sich jetzt die Frage: »Ist dann nicht alles in Ordnung, wenn die Hochbetagten ihr Leben mögen – dann scheint die negative Sichtweise ja keine negativen Konsequenzen zu haben?« Doch die Annahme stimmt so nicht, denn die Zweite Heidelberger Hundertjährigen-Studie hat auch ergeben, dass die 100-Jährigen in Sachen optimistischer Ausblick besser dastehen als Personen im Alter von 80 bis 95 Jahren.

Dass Menschen im Alter von 100 optimistischer sind

als jüngere Hochbetagte, lässt sich eigentlich nur dadurch erklären, dass sich die Hoffnungsvollen unter den 100-Jährigen überproportional tummeln. Schonungslos formuliert: Die Pessimisten sterben vorher weg. Menschen mit besonders hohem Alter sind offensichtlich lebensverlängernde Geschenke in die Psyche gepackt worden. Und dank der Studien aus Heidelberg weiß man, dass Zuversicht und Optimismus hier am entscheidensten sind. Man lebt länger, weil man Gutes erwartet – auch und gerade im Alter. Insofern ist ein vertrauensvoller Blick auf das Kommende wichtig, einer mit negativen Assoziationen ist heikel – man könnte auch sagen lebensgefährlich.

Obwohl sich dieses Buch der Lebenskunst der Älteren widmet, soll das Alter nicht verklärt werden. Es gibt Schattenseiten des Alters und für die sind in erheblicher Weise negative Vorstellungen vom Alter ursächlich. Altersbilder bilden Zielvorstellungen, zu denen wir uns hinentwickeln – egal ob wir heute zu den Lebensfortgeschrittenen zählen oder ob wir es erst künftig sind.

Vom Karma des Wörtchens »alt«

Es gibt viele Studien, die die Zusammenhänge zwischen den Erwartungen an das Alter und den Erfüllungen durch das Alter beleuchten. Die Ergebnisse zeigen alle in eine Richtung: Das, was man sich erhofft beziehungsweise befürchtet, das erhält man auch. Wer denkt, dass im Alter noch vieles möglich ist, der lebt bewusster und ist aktiver. Er achtet mehr auf sich und hat weniger gesundheitliche Beschwerden. Wenn etwas nicht in Ordnung ist, dann tut er etwas dagegen. Derjenige, der Alter aber mit Schwäche und Krankheit in Verbindung bringt, nimmt Einschränkungen als normal hin – für ihn sind die guten Zeiten sowieso vorbei, denkt er. Und so ist auch sein Handeln zurückgefahren, was das Herstellen von Wohlbefinden anbelangt.

Zahlreiche Tests haben aufgezeigt, dass Ältere und sogar auch jüngere Erwachsene schlechtere Leistungen erbringen, wenn man sie in Vorgesprächen mit der Zuschreibung alt in Verbindung gebracht hat. Das Adjektiv alt hat in unserer Gesellschaft einfach ein zu negatives Image und das legt ein negatives Karma über die als alt Benannten. Man weiß heute, dass negatives Denken über das Alter mit vermehrter Depressivität verbunden ist. Auch das Herzkreislaufsystem und das Gedächtnis sind in schlechterer Verfassung

Es gibt die begründete Annahme, dass Altersbilder einen stärkeren Einfluss auf die Gesundheit Lebensfortgeschrittener haben, als dass die gesundheitliche Verfassung das Denken über das Alter prägt. Vom Altersbild aus kann man auf so einiges schließen: Darauf, wie zufrieden eine Person mit ihrem Leben ist und wie sorgsam sie mit sich umgeht. Ob sie bei Problemen Hilfe sucht, also beispielsweise zum Arzt geht. Wie gesund ihre Ernährung ist und wie sie auf körperliche Aktivität achtet. Ob sie soziale Kontakte pflegt und ob sie sich interessiert und offen verhält.

Angesichts all dessen ist es kaum verwunderlich, dass ein schlechtes Altersbild Lebensjahre kostet. Die Gesundheitsforscherin Becca Levy von der Yale University in New Haven/USA hat in der bereits im ersten Kapitel erwähnten Langzeitstudie herausgefunden, dass Personen mit negativen Vorstellungen vom Alter siebeneinhalb Jahre früher sterben. Es gibt kaum etwas, womit man sein Leben wirkungsvoller verkürzen kann.

Altersbilder als Lebensbeschränkung

Schlechte Altersbilder sind das Gegenteil von Lebenskunst. Sie sind eine Lebenseinschränkung, eine Reduktion. Entscheidend ist dafür nicht nur, welche Vorstellungen man selbst hat. Denn schlechte Altersbilder werden auch von außen ins Leben hineingetragen und können so tragische Wirkung entfalten.

Ich erinnere mich noch, wie schwer es manchmal für meine Großeltern war, als Hochbetagte für Leiden Verständnis zu erhalten. »In Ihrem Alter ist das halt so«, das wurde leider schnell gesagt – viel zu schnell gesagt. So hatte meine Großmutter mit 82 Jahren einen Tumor an der Wirbelsäule. Doch über Monate haben Ärzte ihre Beschwerden als Verschleiß und altersbedingte Rückenschmerzen abgetan. Erst als ein Wirbel durch den Druck der Geschwulst brach, wurde erkannt, dass das Klagen der alten Dame begründet war.

Es ist ein immenses Problem, dass Älteren bei medizinischer Versorgung oftmals geringe Aufmerksamkeit zuteil wird – bei Personen im mittleren Lebensalter geben sich Ärzte nachgewiesenermaßen am meisten Mühe. Das gilt für Diagnostik, Behandlung und Medikamentation. Je höher das Alter ist, desto geringer sind die Leistungen. Wenn es um den psychischen Bereich und speziell den der Depressionen geht, ist die Lage besonders eklatant. Ärzte, Angehörige, Freunde und die Älteren selbst sehen Symptome wie Niedergeschlagenheit, Hoffnungs- und Antriebslosigkeit häufig als gewöhnliche Alterserscheinungen. Ältere Menschen erhalten überdurchschnittlich oft keine Behandlung im möglichen Maße.

Nicht zuletzt deswegen steigt das Suizidrisiko mit zunehmendem Alter an – das ist der Gegensatz zu der nach wie vor bestehenden Tatsache, dass für die meisten Menschen Altern mit einem Wohlbefindenszugewinn verbunden ist. Aber für manche ist Altern eben auch ein Leidensweg, der in tiefer Verzweiflung endet. Fast jede zweite Frau, die sich im Jahr 2012 das Leben nahm, war älter als 60 Jahre. Noch häufiger betroffen von Selbsttötungen sind überdies ältere Männer. Töteten sich pro 100 000 Einwohner der jeweiligen Altersgruppe rund 14 Personen im Alter von 30 bis 35 Jahren, so waren es bei Männern im Alter von 80 bis 85 Jahren 50,5. Und bei Männern von 85 bis 90 Jahre 73,2. Es ist übrigens nicht so, dass schwere Depressionen im Alter häufiger vorkämen als in jüngeren Jahren. Aber es gibt weniger Hilfe. Und Ältere selbst suchen Hilfsangebote deutlich seltener auf.

Die Bundesregierung gibt jährlich einen Bericht zur Lage der älteren Generation heraus, und als dieser sich 2010 mit den Altersbildern in Deutschland auseinandersetzte, wurde auch eine eklatante Unterversorgung älterer Menschen im Bereich der Psychotherapie beklagt. Daran hat sich bislang wenig geändert. Kritisiert wird in dem Altenbericht auch, dass ältere Menschen allzu oft als psychisch unveränderbar angesehen werden. Studien haben das Gegenteil aufgezeigt und Altersdepressionen eine gute

Therapierbarkeit diagnostiziert. Hans kann auf jeden Fall lernen, was Hänschen nicht gelernt hat. Nur leider sehen das viele Menschen nicht so, und leider oft genug auch medizinisches Fachpersonal.

Lebenskunst zum Ausprobieren: Ein Veto setzen

Man kann als älterer Mensch ein sehr bereicherndes Leben führen, das ist die grundsätzliche Botschaft dieses Buches. Weil die Gesellschaft aber nicht unweigerlich dieser Meinung ist, gehört es zur Lebenskunst, sich mit negativen Sichtweisen über das Alter auseinanderzusetzen und sich davon zu distanzieren – in gewisser Weise kann man darin sogar eine Überlebenskunst sehen. Für jüngere Menschen ist eine kritische Auseinandersetzung damit natürlich ebenfalls von Vorteil, denn Vorstellungen vom Alter hat man, wenn man jung ist. Und wenn man alt ist, dann hat man sie immer noch.

Zum Glück ist es ja nie zu spät und nie zu früh, Vorurteile abzulegen, und so gibt es in diesem Buch einen Exkurs über die Geschichte unserer Altersvorstellungen. Und es geht nicht einmal weit zurück dafür. Die enorme Lobpreisung der Jugend hat erst im letzten Jahrhundert richtig Fahrt aufgenommen. Davor hatte das Alter noch mehr Gewicht in der Gesellschaft, im 20. Jahrhundert ging es allerdings ziemlich rasant bergab. Zwar wurde schon in der Antike der jugendliche Körper in seiner Schönheit zelebriert und in Statuen und Wandbildern gefeiert. Doch immerhin galten damals noch Lebensklugheit und Urteilskraft als Stärken des Alters. Der römische

Senat leitete seine Bezeichnung zum Beispiel von »senex« ab, was Greis bedeutet. Für die wichtigste Institution des Staates wurde also das Erfahrungswissen gereifter Persönlichkeiten geschätzt und eingefordert. Inzwischen ist das anders.

Verbreiteten Annahmen nach bedeutet Älterwerden heute Verlust im geistigen sowie Verschlechterung im psychischen Bereich, diese Diagnose fällt Ursula Lehr, die eine führende Wissenschaftlerin auf dem Gebiet der Erforschung und Gestaltung des Alterns ist. Viele kleine Floskeln und Redewendungen im Alltag geben Hinweise auf diese Einstellungen. »Sieht der aber heute alt aus!« – »Was für eine alte Jungfer« – »Die gehören zum alten Eisen« – »Wie altklug« – »Diese Wutrentner«, all das sind keine nett gemeinten Worte. Und während es rund um frauendiskriminierende Sprache in den letzten Jahren rege öffentliche Diskussion gibt, ist die Altersdiskriminierung kein auffälliges Thema in dieser Sache. Sollte man damit einmal anfangen?

Da Wandel sowieso am besten im Kleinen beginnt, kann man bei sich selbst prüfen, was einem Zweifelhaftes über die Lippen kommt und wofür das so stehen kann. Ob man vielleicht zur Überschätzung mentaler Jugendlichkeit neigt – denn wie ich aus eigener Erfahrung weiß, wäre es ein Trugschluss, sich von solchen Sichtweisen unbeeinflusst zu wähnen. »Wir alle verachten Vorurteile, aber wir sind alle voreingenommen« – Recht hat der englische Philosoph Herbert Spencer mit diesem Zitat.

Doch woher kommen diese enorme Orientierung an der Jugendlichkeit und das schlechte Image des hohen Alters eigentlich genau? Ist das nicht eine Frage, die man sich angesichts der verbreiteten Vorannahmen stellen muss? Man darf überrascht sein, aber tatsächlich hat insbesondere die intellektuelle Elite solchem Vorschub geleistet.

Vom Jungsein und der Großartigkeit der Dinge

»Man muss jung sein, um große Dinge zu tun«, so hat sich einst schon Johann Wolfgang von Goethe geäußert. Goethe war ein großer Verehrer der Jugend – nicht nur insofern, als dass er sich im Alter von 73 Jahren in die 19-jährige Ulrike von Levetzow verliebte, sondern auch als Dichter des Sturm und Drang. Da im 18. und 19. Jahrhundert für den größten Teil der Bevölkerung aber ein direkter Übergang von der Kindheit in ein körperlich belastendes Erwachsenenalter üblich war, hatte das Zitat Goethes damals nur poetische Kraft. Die Jugend als Lebensphase entwickelte sich erst richtig im 20. Jahrhundert, da erhielten Lobpreisungen wie die Goethes einen kräftigen Aufwind und die Jugend setzte sich durch.

Im 20. Jahrhundert etablierte sich die Jugend immer stärker in der Gesellschaft und letztendlich wird es deswegen als das »Jahrhundert der Jugend« bezeichnet. Vieles von dem, was die Sicht des Alters heute prägt, findet seine Wurzeln in dieser Zeit. Zunächst gab es die Jugendbewegung, die sich als Kraft der Neuerung feierte. Dann gab es die Generation der 1968er mit ihrem Rat »Trau keinem über Dreißig«. Und wenn man sieht, dass in den 1990er-Jahren schließlich Worte wie »Rentnerschwemme« und »Altenplage« entstanden, wird ganz klar, wo die gesellschaftliche Wertschätzung lag.

Mit dem Lob der Jugend war eine Abwertung des Alters verknüpft. Das ist ein Erbe, mit dem Ältere auch noch im 21. Jahrhundert zu kämpfen haben: Die Fortschrittsgesellschaft, in der wir leben, die setzt sehr auf Geschwindigkeit, Flexibilität, Ideenreichtum und Tempo. All das erwartet man sich von der Jugend und wirft ihr anerkennende Blicke zu, auch und insbesondere was den psychischen Bereich anbelangt. Das hat Folgen, durchaus schon früh. Wer die Lebensmitte überschritten hat, für den sinken die Chancen auf dem Arbeitsmarkt, in manchen Bereichen ist das aber schon früher der Fall. Bei Mobilfunkunternehmen gelten Mitarbeiter ab 35 als alt, für die Kommunikationsbranche gilt das ebenso.

Ed Michael, amerikanischer Direktor der Unternehmensberatung McKinsey, hat 1998 den Begriff des »War of talents« eingeführt. Mit »War of talents« wird das Buhlen der Unternehmen um junge Hochschulabsolventen bezeichnet. Die moderne Wirtschaft zeigt sich zum Einsatz äußerster Mittel bereit, um sich jugendliche Berufsstarter in die Belegschaft zu holen – was für eine Botschaft und auch Verkennung der Wirklichkeit. Aber dazu später mehr. Denn neben der Wirtschaft hat sich auch die Wissenschaft in Sachen Altersbilder unverdient gemacht.

Insbesondere die Theorien der Alternswissenschaften waren Mitte des letzten Jahrhunderts alles andere als vorteilhaft für Ältere. Sie waren vielmehr geprägt durch eine gesellschaftliche Grundstimmung, in der die jüngeren und die mittleren Lebensjahre als Ideal galten. Und gleichzeitig goss die Wissenschaft selbst wieder Öl ins Feuer negativer Annahmen, haben wissenschaftliche Theorien einfach eine ganz eigene Autorität. In den 1960er-Jahren hat sich die sogenannte Disengagementtheorie Gehör verschafft. Sie ist eine sehr bedrückende Theorie über das Alter. Eigentlich sogar eine düster-deprimierende. Der Disengagementtheorie nach bedeutete Alter eindimensional Schwachheit und Abbau, der Rückzug aus der Gesellschaft wurde darauf aufbauend als die angemessene Reaktion empfohlen.

Die Disengagementtheorie – Rückzug aus dem Leben

Der Disengagementtheorie nach war Alter die Vorbereitungsphase auf das Sterben und deswegen sei es die Aufgabe des alternden Menschen, sich von den Beziehungen und von den Dingen zu lösen, die ihn im Leben begleitet haben. Nur wenn dieser loslässt und sich aus der Gesellschaft zurückzieht, würde schließlich auch der letzte große Abschied erträglich, der Tod. Mit Ansichten dieser Art legten die Vertreter der Disengagementtheorie einen grauen Schleier über die letzten Lebensjahre. Aktiv sein, Spaß haben, das Leben genießen, das passte nicht zu dieser Sichtweise des Alters.

In ihren Empfehlungen waren die Disengagementtheoretiker also absolut überspitzt. Denn obgleich eine Auseinandersetzung mit der Endlichkeit in die Lebensgeschichte gehört, ist die Forderung nach sozialer Ausgliederung und der gedanklichen Zentrierung auf den Tod doch eine grausame Schlussfolgerung. Auch wenn die Theorie aus heutiger Perspektive überholt erscheint, darf man ihre Nachwirkungen nicht verkennen.

Die Frühverrentung konnte sich nicht zuletzt als gesellschaftlich akzeptierte Form des Arbeitsplatzabbaus etablieren, weil ihre grundsätzlichen Annahmen aus der Disengagementtheorie stammen: dass Menschen in der zweiten Lebenshälfte Anforderungen und Integration nicht mehr so bräuchten wie junge Leute. Und wenn es um die Verteilung medizinischer Leistungen geht, schwirrt diese Sichtweise ebenfalls noch in der Luft herum. Hat ein alter Mensch nicht sein Leben gehabt und befindet er sich nicht sowieso in einer Lebensphase des Rückzugs? Wie war das 2003, als der Bundesvorsitzende der Jungen Union, Philipp Mißfelder, gefordert hat »Keine Hüftgelenke für die ganz Alten!«? Offensichtich sah er Teilnahmemöglichkeiten am Leben als etwas, das man bei Hochaltrigen recht unbeschadet wegsparen kann.

In letzter Konsequenz ist schließlich auch der soziale Tod durch die Disengagementtheorie legitimierbar. Das ist jetzt leider nicht nur eine theoretische Überlegung, denn tatsächlich geht dem Sterben oft die soziale Ausgrenzung voraus. Bereits 1965 wurde in einer Studie erkannt, dass Krankenschwestern auf den Notruf Sterbender deutlich langsamer reagieren, als auf den von anderen Patienten – genau gesagt, ließen sie sich doppelt so lange Zeit. Andere Studien haben diesen sozialen Tod auch für Alten- und Pflegeheime nachgewiesen. Personen, die in schlechter gesundheitlicher Verfassung sind, erhalten weniger Aufmerksamkeit als rüstige. Das Leben nahe am Tod scheint als unwichtiger wahrgenommen zu werden als das der gesünderen Patienten. Mit der Konsequenz, dass die Hilfsbedürftigen ohne Hilfe bleiben.

Wie viel Anschluss brauchen ältere Menschen?

Die Disengagementtheorie wirkt auf fatale Weise von außen auf das Leben Älterer ein. Überdies wirken ihre Sichtweisen aber auch von innen heraus begrenzend. Das
Denken meiner Urgroßmutter war tief geprägt durch eine
solche Perspektive. Ihr galt aktive Lebensgestaltung nicht
als das, was für ältere Leute angemessen war. Das hat
auch ihr Verhältnis zur Umwelt geprägt, und zwar in
nicht bereichernder Weise. Ich bekam das früher ebenfalls zu spüren. Nicht selten nannte meine Urgroßmutter
uns anstrengend. Uns, damit sind meine Großeltern und
ich gemeint. Wir lebten alle in einem Haushalt, bis zum
Tod meiner Urgroßmutter 1994.

Über 20 Jahre lebten wir in einer Wohnform zusammen, die viele Ältere sich heute wünschen. Ein Mehrge-
nerationenhaushalt mit gemeinsamen Räumen und ge-
trennten Bereichen. Meine Urgroßmutter hatte dennoch
dieses Ansinnen, in ein Altenheim umzuziehen. Weil es
ihr feudaler und dem Alter angemessener erschien, betreut von Schwestern und Pflegern zu wohnen. Im Alter
hätte man sich zurückzuziehen und in jeglicher Hinsicht
zu schonen. Körperlich und auch, was den Umgang mit
anderen anbelangte. Das war ihr theoretisches Ideal der
Dinge. Das begann in den 1970er-Jahren und in den
1990er-Jahren sah sie es immer noch so.

Das Leben meiner Urgroßmutter hatte über Jahrzehnte
tatsächlich den Status, Wartezeit auf den Tod zu sein. Im
Großen und Ganzen ging es ihr übrigens gesundheitlich
gut, ihre Vorbehalte gegen die höheren Lebensjahre, die
hatten nichts mit schweren Krankheiten zu tun.

Meine Urgroßmutter ist zwar in der Familie verblieben, aber dennoch platzierte sie immer wieder Bemerkungen wie »Wie schön wäre es im Altenheim, da wird alles gemacht und ich kann alleine sein« und »In meinem Alter gehört sich Ruhe«. Das ist eben das große Problem an einseitigen und stark begrenzten Sichtweisen des Alters: dass sie das Leben der Menschen lenken können – und zwar in enge Bahnen. Und wenn es auch so ist, dass der große Teil der Älteren an Persönlichkeit gewinnt, gibt es auch Entwicklungen, die Menschen unangenehmer machen. Das kann an vielem liegen, aber auch an düsteren Vorstellungen vom Alter.

Es ist ausgesprochen bedauerlich, dass Ansichten der Disengagementtheorie ein sehr widerständiges Erbe sind. Hoffentlich ändert sich das in absehbarer Zeit. Das gilt auch noch für eine zweite Theorie. Es ist die Aktivitätstheorie, die sich ebenfalls mit zweifelhafter Prominenz äußerst wacker hält.

Die Aktivitätstheorie – Vom Wert sich nicht zurückzuziehen

Die Altersforschung der 1960er-Jahre war durch zwei Modelle geprägt, die beide den Anspruch erhoben haben, optimale Wege für das Altern aufzuzeigen. Die eine war die schon dargestellte Disengagementtheorie, deren Verfechter das Reflektieren über den Tod empfahlen. Bei der anderen handelt es sich um die sogenannte Aktivitätstheorie, deren Vertreter eine genau umgekehrte Lösung für die Altersproblematiken propagierten. Sie waren der Ansicht, dass der Rückzug aus der Gesellschaft das zu bekämpfende Übel sei.

Mit der Verrentung würde den Menschen nämlich Funktionslosigkeit auferlegt; diese Funktionslosigkeit führe zu Abbauprozessen, zu einem Verfall und schließlich zu einem Dahinsiechen. Nur wenn die Aktivitäten der mittleren Lebensjahre so lange wie möglich aufrechterhalten werden, kann man im Alter – so die Aktivitätstheoretiker – glücklich sein. Ansonsten drohte ein elender Zustand, und hier wird deutlich, dass sich die Aktivitätstheorie im Kern gar nicht so von der Disengagementtheorie unterscheidet. Auch in ihr sieht man Alter einseitig als Verlustgeschäft an. Und ähnlich wie die Disengagementtheorie war auch die aktivitätstheoretische Sichtweise des Alterns angereichert mit düster-dunklen Komponenten. Man verwies zum Beispiel darauf, dass die Beendigung der Erwerbsarbeit nicht selten tödlich sei.

Professor Dr. med. Arthur Theodor Jores, der als Mitbegründer der Psychosomatik an sich ein sehr renommierter Mediziner war, hat Ende der 1950er-Jahre tatsächlich eine Studie zum vermehrten Tod von Beamten kurz nach dem Renteneintritt veröffentlicht. Er behauptete in dieser, dass der Abschied von der Berufstätigkeit Lebensenergie nehme und zum schnelleren Tod führe. Der Verlust an sozialer Einbindung, an Tagesstrukturierung und Identität sei daran schuld und folgerichtig sei es anzustreben, den Lebensstil mittlerer Lebensjahre möglichst lange beizubehalten. Der Mythos vom Pensionierungstod war geboren und er hält sich in abgeschwächter Form bis heute.

Warum es den Pensionierungstod nicht gibt

Die Studie von Jores, so weiß man längst, ist nicht verallgemeinerbar, denn Jores hatte 63 Beamte untersucht, die früher für die Nazis tätig gewesen waren. Bei diesen Personen hatte keine normale Pensionierung stattgefunden, vielmehr gab es erzwungene Frühpensionierungen, die für die Betroffenen auch mit Scham und Verurteilung zu tun hatten. Dass zwei Drittel dieser Beamten innerhalb von fünf Jahren starben, war ein sehr spezielles Geschehen. Von einer »normalen« Reaktion auf eine Pensionierung kann nicht die Rede sein.

Inzwischen sind auch Gegenbeweise zur Studie von Jores erbracht. In einer US-amerikanischen Untersuchung von Elisabeth Mutran, Donald Reitze und Maria Fernandez wurden mehr als 750 Personen im Abstand von zwei Jahren befragt. Bei der ersten Befragung waren alle berufstätig, bei der zweiten war dies nur noch ein Teil. Die Nichtberufstätigen zeigten dabei eine geringere Neigung zur Depressivität – das Leben geht nach der Pensionierung nicht nur weiter, sondern in der Regel auch gut weiter. Nur bei Personen, die unfreiwillig in die Rente wechseln, ist das anders.

Hat der Beruf übermäßig viel Raum im Leben eingenommen, dann kann es Probleme geben. In dem Fall bedeutet die Rente plötzlich ein leeres Leben und damit verbunden ein schlechtes Befinden. Doch hier ist ja nicht die Rente das eigentliche Problem, sondern das so reduziert gelebte Leben vorher. Bei Managern findet man das Phänomen oft, hier wird speziell vom »empty desk syndrom« geredet, vom Syndrom des leeren Schreibtisches. Es ist tragisch, aber diese Menschen scheinen mit dem Titel auf der Visitenkarte auch ihre Selbstdefinition abzugeben. Den unvermittelten Tod bringt ihnen das aber dennoch nicht, jedoch eine Zeit der Anpassungsschwierigkeiten.

Trotz all der Gegenbeweise halten sich Ansichten der Aktivitätstheorie sehr gut im Denken, passen sie sich doch hervorragend in das Leistungsethos der Moderne ein: Dass es auch im Alter auf Erlebnis und Steigerung ankommt und ein voller Tag ein volles Leben bedeutet – wer mag das in jüngeren und in mittleren Jahren nicht glauben, wenn sein Alltag durch solche Versprechen geprägt ist.

Die Vorstellung vom Alter als Zeit grenzenloser Möglichkeiten

Die Aktivitätstheorie entfaltet bis heute ihre Wirkung. Ratschläge, dass man auch in der zweiten Lebenshälfte aktiv, fit und leistungsorientiert sein müsste, tummeln sich in Büchern, Zeitschriften, Radio und Fernsehen. Gerne wird über die Lebensphase Alter berichtet, als wäre es eine Zeit absolut grenzenloser Möglichkeiten. Vielfältiges Ehrenamt, sportliches Tun von der Marathonteilnahme bis zur Himalaya-Besteigung, und dann vielleicht noch ein Seniorenstudium – es kann zum ausgesprochenen Stress werden, wenn jemand meint, diesem Altersbild auf Gedeih und Verderb gerecht werden zu müssen.

Ein großes Problem dieser Sichtweise liegt darin, dass sie ein Ideal überhöht, das bereits für die mittleren Lebensjahre fraglich ist. Nämlich das Streben nach dem vollen Leben, das immer besser, optimierter und schneller wird. Dabei hat ja die Forschung aufgezeigt, dass ein Weniger ein Mehr sein kann und Lebenszufriedenheit eher von einer Konzentration abhängt.

Ein sehr schwieriger Aspekt der Aktivitätstheorie ist außerdem, dass altersbedingte Veränderungen in ihre Sichtweise nicht integrierbar sind. Vielmehr wird jegliches Anderswerden als böses Omen gesehen. Das produziert Angst, und Angst ist kein guter Begleiter fürs Leben.

Die Angst vor Demenz und Vergesslichkeit

Wie in diesem Kapitel gezeigt, gibt es viele Spielarten, dem Alter etwas Negatives zuzuschreiben. Ganz besonders ist es heute aber die Kognition, die unter Generalverdacht geraten ist, ein immenses Verlustgeschäft des Alters zu sein. Forscher sprechen inzwischen sogar schon von einer Demenzsorge, die Menschen in ihrem Leben verunsichern und nachhaltig beeinflussen kann. Bei meinem Großvater habe ich diese erlebt, und ich kann sagen, sie ist wirklich fatal, weil Menschen gegen Schwächen des reifen Gedächtnisses absolut ungnädig werden.

Sobald mein Großvater etwas vergaß, deutete er das als Anzeichen einer Erkrankung. Wenn er eine Flasche Bier im Tiefkühlfach schnell herunterkühlen wollte und sich ihrer erst wieder erinnerte, als das Bier gefroren war, sagte er: »Ich werde dement.« Und wenn er auf dem Weg zum Keller nicht mehr wusste, was er dort eigentlich holen wollte, urteilte er ebenfalls so. Ein verschwitzter Geburtstag, ein verlegter Brief, die Unklarheit, wo das geparkte Auto stand. Es gab unzählige Anlässe, die ihn beunruhigten.

Tatsache ist, dass man in jedem Alter vergisst. Was man eigentlich gerade holen wollte, was man abgemacht hat, welche Termine im Kalender stehen. Man nennt die Fähigkeit, sich selbstständig an künftige Ereignisse zu erinnern, in der Wissenschaft »prospektive Gedächtnisleistung«. Dass man daran denkt, ein im Tiefkühlfach liegendes Bier wieder herauszunehmen, das ist eine prospektive Gedächtnisleistung. In dieser Schwächen zu haben, das ist das am häufigsten berichtete Gedächtnisproblem überhaupt. Im Alter passiert es zwar öfters, aber an sich gibt es diese Art des Vergessens bereits in unserer Kindheit und sie hält sich von da an konsequent in unserem Leben. Allerdings macht man sich in jungen Jahren in der Regel keine Gedanken darüber. Nur wenn man älter ist und viel Furcht vor geistigem Abbau hat, dann erhält all das Vergessen plötzlich eine andere Bedeutung.

Was den reifen Geist anbelangt, so sind auch hier wissenschaftliche Erkenntnisse daran beteiligt, dass sich sein Image so verschlechtert hat. Dank der Entwicklung bildgebender Verfahren (also der Möglichkeit, Tätigkeiten des Gehirns mit Kameras zu erfassen), scheint dessen geringere Leistungsfähigkeit schwarz auf weiß bewiesen zu sein. Einiges bildet sich zurück – gerade darüber wird oft und gerne in den Medien berichtet. Leider ist über die Stärken deutlich weniger zu lesen. Das soll sich ändern, und zwar mit dem nächsten Kapitel. Im geistig-mentalen Bereich gibt es erstaunliche Entwicklungen mit der Zeit und mit den Jahren.

Über das reife Gehirn und sein Potenzial

Von Besonnenheit, Gelassenheit und Erfahrung

Wenn man die Zahlen der Forschung isoliert betrachtet, dann schaut es für das ältere Gehirn tatsächlich zunächst nicht gut aus. Man weiß heute, dass sich die graue Hirnsubstanz bereits ab dem Teenager-Alter ausdünnt und dies im Fortschreiten des Erwachsenenalters seinen weiteren Verlauf nimmt. Deswegen wird es mühevoller, die Aufmerksamkeit zu steuern, Unwichtiges auszublenden und Wichtiges zu fokussieren. Konzentrationsprobleme als Zeichen der Alterung – ja, das ist durchaus so gegeben.

Bei der sogenannten weißen Hirnsubstanz, die einen zweiten großen Teil des Gehirns ausmacht, beginnt die Abnahme erst später, ab 40 bis 50 Jahren; es verliert aber auch diese an Volumen. Mit der weißen Hirnsubstanz gehen insbesondere Nervenfasern verloren, in der Konsequenz leidet die Verarbeitungsgeschwindigkeit und der Informationsaustausch im Gehirn wird schwieriger. Dass sich der wichtige Botenstoff Dopamin ebenfalls reduziert, verstärkt die Entwicklung, denn auch er spielt in der Kommunikation zwischen den Nervenzellen und zwischen Nerven- und Muskelzellen eine wesentliche Rolle. Wenn im Alter Bewegungen ungeschmeidiger sind und die geistige Flexibilität nachlässt, ist dies auch Folge der

Dopamin-Veränderungen. Schwierigkeiten beim Lernen und Erinnern sind ebenfalls damit verbunden.

All diese Feststellungen sind wahr, jedoch gleichzeitig sind die Diagnosen auch beschränkt in ihrer Aussagekraft. Unser Gehirn ist immerhin ein hoch kompliziertes Meisterwerk und letztendlich weiß die Wissenschaft vor allem auch, dass sie ganz vieles noch nicht weiß. Nur in den Medienberichterstattungen über die Gehirnforschung wird das selten zum Ausdruck gebracht. In diesen Beiträgen entsteht der Eindruck, dass das Altern des Gehirns ausnahmslos ein Abbauprozess ist und diese Veränderungen nur Probleme ergeben: Langsamkeit, ein geringeres Reaktionsvermögen, Veränderungen in der Leistungsfähigkeit.

Nur warum eigentlich müssen diese Prozesse unweigerlich negativ gesehen werden? Zumal es in den aufgezählten Ergebnissen der Gehirnforschung lediglich um Quantitäten geht, um Mengen und um Stoffwechselprozesse. Aber die Fähigkeit, Lebensprobleme zu lösen, Ideen zu haben, seine Frau und seinen Mann zu stehen, die findet sich da nicht wieder. Bei der Bewältigung alltäglicher und außeralltäglicher Herausforderungen spielt jedoch die Erfahrung eine erhebliche Rolle, und die nimmt mit dem Alter eindrücklich zu.

Über das Erfahrungsplus und darüber, wie selbst Hochaltrige mit Einschränkungen ihren Alltag bewältigen, liest man in Zeitschriften, Zeitungen und Magazinen wenig. Der Sensationswert ist in Sachen Abbauprozesse freilich größer. Hand aufs Herz: Wer horcht nicht auf, wenn er liest, dass geistiger Abbau schon in mittleren Lebensjahren beginnt?

Gesünder ist es, die Chancen und Stärken zu sehen. Die sind in der Tat in großem Maß vorhanden. Es gibt eindrucksvolle Studien über das Leistungsvermögen Lebensfortgeschrittener, die auch so einige verzerrte Altersbilder korrigieren könnten. Eine Studie von Timothy Salthouse, die bereits vor über 30 Jahren veröffentlicht wurde, hat ganz besonderes Potenzial.

Langsam ist das neue Besser

Die Studie des US-Psychologen Timothy Salthouse von der University of Virginia in Charlottesville/USA gilt inzwischen schon als Klassiker. 1984 hat Salthouse Sekretärinnen verschiedenen Alters gegeneinander antreten lassen. Heraus kam zunächst, dass die Tippgeschwindigkeit der jüngeren Sekretärinnen höher war. Allerdings schnitten im Endergebnis die Älteren genauso gut ab wie ihre Kolleginnen – und das war eigentlich nicht zu erwarten, hatten sie ja langsamer getippt. Weil die Älteren alles um das Tippen herum besser organisiert hatten, fiel das Tipp-Tempo im Ergebnis nicht ins Gewicht: Die älteren Sekretärinnen lasen den Text vorausschauender, behielten davon mehr im Gedächtnis und mussten so weniger oft auf die Vorlage schauen. Sie sparten in all diesen Bereichen Zeit ein und waren definitiv nicht weniger leistungsfähig als ihre jüngeren Kolleginnen.

Schwächen und der Umgang mit ihnen, darum geht es hier. Wobei es überhaupt fraglich ist, ob man in diesem Fall von Schwäche reden kann. Denn an sich findet man einfach nur zwei Vorgehensweisen, die zum gleichen Ziel führen. Ein Teil der Sekretärinnen ist flinker, die anderen organisieren sich besser, an sich braucht es gar keine Bewertung zu geben. Insofern sagt die Studie vor allem eins: Das Hoch auf die jugendliche Schnelligkeit ist nicht gerechtfertigt.

Genau das haben auch weitere Studien in anderen Nuancen aufgezeigt. Als beispielsweise am Leibniz-Institut für Arbeitsforschung, das sich an der Technischen Universität Dortmund befindet, Personen unterschiedlichen Alters auf bestimmte akustische und visuelle Signale reagieren sollten, beanspruchten Ältere zwar mehr Zeit für die Tests, aber lagen dadurch seltener daneben. Und auch für ältere Angestellte ist dieses Weniger-Fehler-Machen festzustellen.

»Eine unserer Studien in der Automobilproduktion zeigt, dass ältere Mitarbeiter deutlich seltener schwere und teuer zu beseitigende Fehler machen als jüngere. Auch in den anderen von uns untersuchten Branchen findet man nicht, dass Jüngere produktiver sind als Ältere«, erzählt Axel Börsch-Supan, der Direktor des Munich Center for the Economics of Aging am Max-Planck-Institut für Sozialrecht und Sozialpolitik ist. Als Wissenschaftler forscht er zum Thema Produktivität einer alternden Gesellschaft und untersuchte dabei verschiedenste Zusammenhänge. Und dabei kam auch heraus, dass das, was schnell und mit Geschwindigkeit gemacht wird, im Endergebnis nicht besser ist – aber es greift die Prinzipien des modernen Wirtschaftens einfach passender auf. Zeit ist Geld. Doch Fehler kosten eben noch mehr Geld. Das Geschwindigkeitsethos modernen Wirtschaftens hat seine Macken und die Langsamkeit des reifen Geistes scheint wirtschaftlich rentabel zu sein, weil weniger Kosten durch Nachbesserungen entstehen.

Vom Vorteil, weniger Fehler zu machen

Der ältere Geist – und damit das ältere Gehirn – arbeitet anders, aber im Ergebnis nicht schlechter, kann man resümieren. Im Gegenteil: Man darf es nicht unterschätzen. Einen erheblichen Teil des Lebens verbringen Menschen damit, die Folgen von falschem Tun zu beheben. Innerhalb wie außerhalb der Arbeitswelt.

Weil Älteren weniger Lebenszeit zur Verfügung steht, um Fehler auszubügeln, passt es sehr gut, so vermuten manche Wissenschaftler, wenn ihr Gehirn in der Arbeitsgeschwindigkeit gedrosselt ist. Die vermeintliche Schwäche »Langsamkeit« wäre dann tatsächlich eine sehr clevere Strategie des alternden Körpers, denn sie bringt mehr verfügbare Lebenszeit, die nicht in Fehlerbehebung investiert zu werden braucht.

Kann man sich von den Älteren etwas abschauen? Ja, dass man sich von dem Geschwindigkeitsethos unserer Zeit nicht verunsichern lassen sollte. Tempo ist nicht alles, und die Leistungen können entschleunigt sogar besser sein. Ich weiß, dass ich in diesem Kapitel schon einige Studien zitiert habe. Aber es finden sich so viele spannende, und eine von ihnen – eine durchaus unerwartete Erfolgsgeschichte älterer Unternehmer – will ich unbedingt noch vorstellen.

Eine Studie über erfolgreiches Gründen

Vivec Wadhwa, der die Untersuchung durchgeführt hat, ist Unternehmer und Wissenschaftler zugleich – unter anderem lehrt er an der Standford University in den Vereinigten Staaten. Ihm haben es insbesondere Forschungen angetan, die wirtschaftsnah sind. Und mit diesem Interesse gingen er und sein Team der Frage nach, was erfolgreiche US-amerikanische Unternehmer kennzeichnet – speziell in dem sehr dynamischen Bereich der Hochtechnologie. Das Ergebnis war unerwartet, doch eindeutig: Ausnahmetalente in Sachen Gründung sind nicht die frischen Absolventen der Elite-Unis und auch nicht die einsamen Single-Workaholics unter 30 Jahren. Nein, die besonders schnell wachsenden Unternehmen wurden tatsächlich von Menschen in der zweiten Lebenshälfte hervorgebracht.

Wer als Unternehmensgründer älter als 55 Jahren ist, der hat nach Wadhwas Studie doppelt so große Erfolgschancen wie ein Gründer im Alter von 20 bis 34 Jahren. Überlegtheit, nachdenkendes Innehalten, ein großzügigerer Umgang mit der Zeit, der unterm Strich vor hastigem und falschem Handeln schützt, das macht das Erfolgskonzept aus. Natürlich kommen Erfahrung, Wissen und Kreativität dazu.

Das Fraunhofer-Institut für Arbeitswirtschaft und Organisation hat in einer Studie beobachtet, dass Ältere vornehmlich Problemlösungen entwickeln, die sich in der Praxis gut bewähren. Die Ideenfindung bei Jüngeren ist zwar impulsiver und auch umfangreicher, aber dafür ist vieles auch nicht zu gebrauchen. Mit der bereits zitierten

Redewendung »Die Jungen rennen schneller, aber die Älteren kennen die Abkürzungen« kann man die besonderen Kompetenzen Älterer anschaulich zusammenfassen.

Insgesamt ist es ein buntes Potpourri an Fähigkeiten, das ältere Unternehmer erfolgreich macht. Aber es ist ja auch ein buntes Potpourri an Fähigkeiten, das Ältere generell erfolgreich macht. Eine würdevolle Entschleunigung kommt dazu – ob sie nun durch langsamere Prozesse im Körper erzwungen ist oder nicht, macht keinen wesentlichen Unterschied.

»Ich nehm mir Zeit«

Ich erinnere mich daran, dass sich meine Großmutter ab und an ausgeklinkt hat, wenn wir beide miteinander unterwegs waren. Schon im Alter um die 70 Jahre: »Geh du vor, ich lass mir Zeit und komm dann nach.« Dann habe ich ihrer Meinung nach zu sehr gehetzt. In ihrem »Ich lass mir Zeit« steckte auf jeden Fall auch ein gehöriges »Ich nehm mir Zeit« drin, ein »In meinem Alter überschlägt man sich nicht mehr!«. Heute bewundere ich ihn sehr, ihren Standpunkt, dass erhetzte Zeit keine gewonnene Zeit ist, sondern dass sie nur die Seele stresst.

Und klingt das nicht auch so erstrebenswert, das Langsam-Machen, weil es dem temporeichen Leistungsethos der Zeit entgegenläuft? Man könnte ja auch von Gelassenheit reden. Zumal mit dieser begrifflichen Umhüllung alles noch viel marktfähiger wirkt, als die Langsamkeit zu postulieren. Kleider machen Leute und Worte machen erfolgreiche Themen.

Nun ist Gelassenheit freilich nicht allein das Ergebnis von Veränderungen im Gehirn, nichtsdestotrotz ist das reifere Gehirn in dieser Hinsicht aber dienlich. Es schaltet etwas mehr Zeit zwischen Denken und Handeln und das bringt Spielraum für bedachteres Tun. In diesem Sinne liegen die großen Befürchtungen in Sachen Alter und die großen Sehnsüchte der Zeit gar nicht weit auseinander.

Norman Vincent Peal, der ein amerikanischer Autor und ein Vorreiter des Positiven Denkens war, hat geschrieben: »Wenn Gott dir ein Geschenk machen will, verpackt er es in ein Problem.« Vielleicht verhält es sich bei unserem alternden Gehirn, bei dem wir bisher vor allem den Problemcharakter sehen, ebenso? Doch einen Geschenkcharakter, den hat es auch. Schnelligkeit, Tempo, rasante Verarbeitung – damit sind keine menschlichen Sehnsüchte verbunden. Mit Entschleunigung, Besonnenheit, Gelassenheit aber schon. Vor allem mit Gelassenheit.

Gelassenheit und Seelenruhe

Eine Bekannte hat mir beschrieben, was für sie Gelassenheit in der zweiten Lebenshälfte bedeutet, damals war sie im Alter von 57 Jahren: »Ja, mit der Gelassenheit, das ist eine große Stärke. Ich denke oft in Situationen: Muss ich mich darüber aufregen? Und antworte mir selbst: Nein, muss ich nicht. Und dann bleibe ich ruhig. Äußerlich und innerlich. Und dazu kommt noch etwas anderes, das für mich ebenfalls viel mit Gelassenheit zu tun hat. Man ist nicht mehr so getrieben. Heute muss ich nicht mehr überall dabei sein. ... Aber es ist keine Lethargie, die Gelassenheit. Es ist etwas anders, etwas Positives. Es ist eine Haltung. Und ein Gefühl.«

Ja, die Gelassenheit, sie klingt sehr attraktiv. Und eines muss man wirklich einräumen. Wenn es auch viele negative Vorurteile in Sachen Alter gibt, so funktioniert in einer Sache die Werbemaschinerie wahrlich wunderbar. Es ist nahezu immer die Gelassenheit, die als Errungenschaft der zweiten Lebenshälfte gelobt wird. Dass man entspannter ist, mehr Distanz hat zwischen Denken und Tun, sich mehr Zeit nimmt, weniger Unruhe in sich trägt, selbst in ganz alltäglichen Dingen. Und in angespannten Situationen sowieso.

Gelassenheit, jeder will sie haben und dennoch ist sie gar nicht so leicht zu bestimmen. Kein Wunder, dass sich bereits die Philosophen der Antike intensiv mit Gelassenheit beschäftigt haben. Als Eigenschaft, als Können, als Tugend, die es sich zu haben lohnt. Für Sokrates gehörte die besonnene Gelassenheit zu den Kardinaltugenden. Er bezeichnet sie als »Sophrosyne« und er empfahl sie jedem als Gewinn.

Besonnene Gelassenheit als Doppelgewinn

Innehalten, Distanz aufnehmen, reflektiert auf Handeln verzichten – das und noch viel mehr gehörte schon für die Philosophen der Antike zur Gelassenheit. Für Aristoteles galt, dass in der Mitte zwischen zwei Lastern das Erstrebenswerte zu finden war und genau da sah er ebenfalls die Gelassenheit stehen. Mit vielen Vorteilen für den Menschen, der sie besaß: Der gelassene Mensch war für

Aristoteles weder hitzköpfig noch phlegmatisch; weder euphorisch noch trostlos; er war kein weltfremder Optimist, aber ebenso kein Pessimist. Dafür war er frei von überschäumenden Emotionen, sodass er mit geschärften und offenen Sinnen die Geschehnisse wahrnehmen und beobachten konnte, um dann besonnen zu handeln – oder auch nicht. Wenn nämlich etwas nicht zu ändern ist, dann würde der gelassene Mensch sich nicht in aussichtslosen Situationen verkämpfen.

Natürlich sind genau die von Aristoteles aufgezählten Stärken auch die, die man typischerweise im Alter hat. In der Gelassenheit vereinen sich so einige der lebenserfahrenen Kompetenzen und das reife Gehirn speist seine Besonnenheit mit ein.

Wer es allerdings vermag, schon in jüngeren Jahren gelassen zu handeln, der hat einen großen Lebensgewinn, das weiß die Wissenschaft ebenfalls. Es gibt zwei Richtungen, in die Gelassenheit dabei positiv wirkt. Dass es der gelassene Mensch zu mehr bringt und er für sich selbst mehr Lebenszufriedenheit empfinden kann. Und dass er für andere Menschen angenehmer ist im Umgang. Gelassenheit ist ein Doppelgewinn.

Über eine Lebensaufgabe und ein gutes Gefühl

Ruhiger, überlegter, kontrollierter – dass dies dem Leben dienlich ist, zeigt die finnische Psychologieprofessorin Lea Pulkkinen in einer Studie auf. Genau genommen ist diese Studie eine Lebensaufgabe von ihr. 1968 hat die Wissenschaftlerin mit ihrer Doktorarbeit begonnen, die

Persönlichkeit und die Entwicklung von achtjährigen Grundschülern zu untersuchen. Inzwischen sind die Studienteilnehmer im mittleren Lebensalter. Es kristallisiert sich heraus, dass diejenigen, die mit ihren Affekten schon im Kindes- und Jugendalter kontrollierter umgehen konnten, im Erwachsenenalter durch langfristig glücklichere Beziehungen und mehr Erfolg im Beruf auffallen. Außerdem verdienen sie mehr, hatten früher schon die besseren Schul- und Uniabschlüsse – kurz gesagt: Alles scheint optimal zu laufen für die, die gelassen sind.

Man kann die Medaille drehen und wenden, wie man will, aber immer und immer wieder ist es das überlegte Innehalten, das letztendlich so viele Erfolge bringt. Ist es da nicht erbauend, wenn der Geist etwas langsamer und weniger impulsiv getaktet ist? Und interessiert da nicht auch, wie derjenige Gelassenheit erwerben kann, dem diese nicht mitgegeben ist?

Durch Üben, empfahlen die Philosophen schon vor tausenden von Jahren. Und heute empfehlen es Buchautoren und Kursleiter immer noch, das Üben. Heute sind es dann allerdings eher die Yoga-Praxis oder die Meditation, die angeraten werden. All das schadet gewiss nicht. Doch es gibt auch eine klassische Übung aus der Zeit antiker Philosophie, die den Alltag in den Fokus rückt.

Lebenskunst zum Ausprobieren:
Gelassenheit aus der stoischen Moral

Obwohl also schon die Philosophen der Antike betont haben, dass Gelassenheit zwar eine Stärke des Alters ist, sahen sie auch die Möglichkeit, dass man sie durch Üben erlangen kann. Diese Sichtweise ist durchaus noch aktuell. Allerdings stellte man damals auch die Mühsal heraus, die mit dem Erwerb von Gelassenheit verbunden ist. Ähnlich wie es beim Lernen eines Instrumentes der Fall ist, muss eine Zeit des Frusts überwunden werden, ehe die Früchte zum Tragen kommen. Es ist kein leichter Weg zur Gelassenheit, sagten die antiken Philosophen, und das macht sie authentischer als so viele Gelassenheitslehrer, die man heute findet.

Als bedeutsam galten den antiken Denkern vor allem die vielen Übungsmöglichkeiten, die der Alltag bietet. Die kleinen Dinge bereiteten einen nämlich für die großen Aufgaben vor. Der Stoiker Epiktet gab einen durchaus auch heute noch praktizierbaren Rat in Sachen Gelassenheitstraining: »Man verschüttet dir dein bisschen Öl, man stiehlt dir dein Restchen Wein«, schreibt er in seinem Handbüchlein der stoischen Moral. »Denke dabei: So teuer kauft man Gelassenheit, so teuer Gemütsruhe. Umsonst bekommt man nichts.« Insofern bietet also jeder verpasste Bus, jede verschüttete Milch und jede zerbrochene Tasse Übungsmöglichkeiten. Die zerrissene Einkaufstüte und die unfreundliche Verkäuferin auch. »So teuer kauft man Gelassenheit, so teuer Gemütsruhe«, sagt man sich dann.

Als Fortgeschrittener kann man dieses Mantra dann in angespannteren Situationen anwenden, wenn man sich beispielsweise in einem Streitgespräch mit dem Partner oder einem Freund befindet. Auch hier gilt es zu sagen: »So teuer kauft man Gelassenheit, so teuer Gemütsruhe.« Damit soll, so der Stoiker, emotionale Distanz und Kontrolle geschaffen werden. Und Raum für besonnenes Handeln ebenfalls – das ist in zwischenmenschlichen Beziehungen von besonderer Bedeutung. Man kauft sich Gelassenheit nicht nur teuer, man erhält auch sehr Wertvolles dafür.

Tatsächlich scheinen Ältere in Beziehungssachen ebenfalls die besseren Menschen zu sein, weil sie diese häufig in sehr fruchtbarer Weise gestalten. Beherrschter, gereifter, herzlicher – verbindender. Und hier kann man sich abschauen, wie viel es bringt, nicht hastig und erzürnt zu handeln.

Vom reifen Umgang mit dem anderen

Älteren Paaren bescheinigen Studien einen reiferen Umgang mit ihren Emotionen. Und eine bessere Streitkultur. Vieles spricht dafür, dass Ältere ihre Affekte erfolgreicher regulieren und eine ganz eigene Art der Gefühlstiefe entwickeln können, das hat etwa der Psychologe Robert Levenson in Zusammenarbeit mit verschiedenen Kollegen herausgefunden. Bei Vorwürfen reagieren Ältere vergleichsweise weniger mit Gegenvorwürfen, und selbst bei schärferen Diskussionen zeigen und formulieren sie immer noch Zuneigung. Insgesamt führen ältere Paare Gespräche über Schwieriges weniger aufgebracht als jüngere, konflikteskalierendes Verhalten ist deutlich seltener zu beobachten. Dafür gibt es einen stärkeren Fokus auf Verbindendes, auf das Schöne, was man im Leben teilt und miteinander erlebt. Ja, man kann sagen, dass das Freudvolle den Fokus bildet.

Vielleicht hilft es in manchen Situationen »So teuer kauft man Gelassenheit, so teuer Gemütsruhe« zu sagen, um sich auf eine sachlich freundliche und verbindende Form der Kommunikation zu besinnen. Es geht ja nicht darum, seine Gefühle zu verdrehen, aber darum, das Zerschlagen von Geschirr zu vermeiden. Wut, Zorn, das kann ein Gespräch schnell zum Eskalieren bringen. Wer Kritik dagegen wertschätzend äußern und eine positive Grundstimmung bewahren kann, der hat ein gutes Instrument in der Hand, Probleme zu klären, um Beziehungen zu stützen und nicht zu zerstören.

In der Psychologie gibt es dazu den Ansatz der »wertschätzenden Kommunikation«. Wirklicher Austausch kann demnach nur entstehen, wenn man die Individualität des anderen anerkennt, ohne dass man die eigene Sicht der Dinge und die eigenen Vorstellungen aufgibt – wenn man zuhört und man sich für den anderen und dessen Gedanken interessiert. Viele Ältere kommunizieren aus einer Lebenserfahrung heraus auf diese konstruktive Art und bereichern so sogar noch ihre Beziehung. Das hat mit Reife zu tun. Mit einer reifen Persönlichkeit, die den anderen schätzt und zudem weiß, was sie besser ungesagt lässt.

In Gelassenheit steckt letztendlich auch das Verb »lassen« und damit eine Form des Nicht-aktiv-Werdens. Innerlich, äußerlich, im Umgang mit anderen. Gelassenheit ist mit Zurückhaltung verknüpft, und auch die ist eine Tugend, die dem Geist der Moderne nicht unbedingt

entspricht. Mit Witz, Charme und Humor wird im folgenden Gedicht beschrieben, wie wichtig es für die soziale
Harmonie ist, auch mal etwas lassen zu können. Der Text
wird der heiligen Teresa von Ávila zugeschrieben, die im
16. Jahrhundert gelebt hat.

Gebet eines älter werdenden Menschen

O Gott, Du weißt besser als ich, dass ich von Tag zu Tag
älter und eines Tages alt sein werde.
Bewahre mich vor der Einbildung, bei jeder Gelegenheit
und zu jedem Thema etwas sagen zu müssen.

Erlöse mich von der Leidenschaft,
die Angelegenheiten anderer ordnen zu wollen.
Lehre mich, nachdenklich, aber nicht grüblerisch,
hilfreich, aber nicht diktatorisch zu sein.

Bei meiner ungeheuren Ansammlung von Weisheit
erscheint es mir ja schade, sie nicht weiterzugeben –
aber Du verstehst, o Gott,
dass ich mir ein paar Freundinnen erhalten möchte.

Bewahre mich vor Aufzählung endloser Einzelheiten
und verleihe mir Schwingen, zur Pointe zu gelangen.

Lehre mich schweigen über meine Krankheiten
und Beschwerden.
Sie nehmen zu – und die Lust, sie zu beschreiben,
wächst von Jahr zu Jahr.

Ich wage nicht, die Gabe zu erflehen,
mir die Krankheitsschilderungen anderer
mit Freuden anzuhören,
aber lehre mich, sie geduldig zu ertragen.
Lehre mich die wunderbare Weisheit,
dass ich mich irren kann.

Erhalte mich so liebenswert wie möglich.
Ich möchte keine Heilige sein – mit ihnen lebt
es sich so schwer –, aber eine alte Griesgrämin
ist das Krönungswerk des Teufels.

Lehre mich, an anderen Menschen unerwartete
Talente zu entdecken, und verleihe mir,
o Gott, die schöne Gabe, sie auch zu erwähnen.

Das Vermögen lebensfortgeschrittener Menschen

Wenn nun in dem Gedicht »Gebet eines älter werdenden Menschen« schalkhaft auf die Fülle dessen angespielt wird, was sich in einem älteren Menschen befindet und was heraus will, sei es als Rat, als Weisheit oder als Klagen, so berührt dies natürlich auch eine Wahrheit. Denn Eindrücke und Erfahrungen sind bei Menschen in höherem Alter natürlich dicht gedrängt, was letztendlich ein ganz eigener Schatz ist.

So zeigte schon die Berliner Altersstudie, die 1990 bis 1993 unter der Federführung des bekannten Gerontologen Paul Baltes stattgefunden hat, dass manche Hirnfunktionen selbst bis ins hohe Alter stabil sind. Die Untersuchungsteilnehmer waren zwischen 75 bis über 100 Jahre alt und was Vokabular und Allgemeinwissen anbelangte, so konnte man auch feststellen, dass diese sich mit dem Alter weiter ausbauen.

Zwar werden Arbeits- und Kurzzeitgedächtnis mit dem Alter tatsächlich schwächer, dafür wird aber das Langzeitgedächtnis reicher und gefüllter. In der Fachsprache wird hier von kristalliner Intelligenz gesprochen und letztendlich wird jeder Bereich von ihr bestimmt, der mit Erfahrung zu tun hat, der Umgang mit anderen Menschen beispielsweise.

Da mutet es tatsächlich eigen an, dass das allgemeine Bild von der geistigen Entwicklung so pessimistisch ist. Es gibt die Erfahrung, es gibt die Gelassenheit, es gibt einen großen Wissensschatz, das ist ein großes Vermögen fortgeschrittener Lebensjahre. »Es gibt Wichtigeres im Leben, als beständig dessen Geschwindigkeit zu erhöhen« – und diese Feststellung von Mahatma Gandhi erscheint mir ein treffender Abschluss für dieses Thema zu sein.

Gleichzeitig ist das Gandhi-Zitat auch die passende Überleitung zu einer weiteren wesentlichen Leistung des reifen Geistes: dem Sortieren und Ordnen der Erinnerungen nämlich. Immerhin stellt sich mit dem Fortschreiten des Alters mehr und mehr auch die Aufgabe eines Lebensresümees. Und auch hier passiert Erstaunliches im fortgeschrittenen Lebensalter.

133

Das autobiografische Gedächtnis

Oder: Warum die Vergangenheit nur besser werden kann

Wenn man älter wird, dann sind sie möglich, die Reisen durch die Zeit. An Orte, an denen man vor vielen Jahrzehnten einmal war. Das Erinnern, wie der Lebensweg verlief und wie sich was ergeben hat. Oder zumindest ist man überzeugt, dass es hinter der Vielzahl von Ereignissen eine Geschichte gibt.

»Verstehen kann man das Leben nur rückwärts. Leben muss man es vorwärts.« Das stammt von dem Philosophen Søren Kierkegaard, der damit die Leistungen des autobiografischen Gedächtnisses gut auf den Punkt bringt. Denn dieses schafft Ordnung in unserem Leben und legt einen roten Faden hinein. Und überdies beschert es uns im Alter sogar ein Happy End – in gewissem Sinn zumindest.

Durch das autobiografische Gedächtnis erinnern wir uns an Beziehungen, Erlebnisse und selbst an die Tragödien unseres Lebens mit immer positiveren Gefühlen. Der Philosoph Arthur Schopenhauer hat das so kommentiert: »Seltsam ist es, dass wir in schlimmen Tagen uns die vergangenen glücklichen sehr lebhaft vergegenwärtigen können, hingegen in guten Tagen die schlimmen nur sehr unvollkommen.« Und damit hat er den Erfahrungswerten nach ja durchaus recht. Scheinbar läuft in uns Menschen ein ganz eigenes Verarbeitungsprogramm, das der Versöhnlichkeit nützt. Die Zeit hat offensichtlich Sympathien für uns, hilft sie, den Gram über verpasste Chancen, unglückliche Fügungen und vorenthaltene Möglichkeiten zu überwinden.

Die Versöhnlichkeit fortgeschrittener Lebensjahre

Als ich vor einiger Zeit einen Kurs zum biografischen Schreiben besucht habe, nahmen an diesem insbesondere Frauen teil, die Anfang 80 waren. Und wenn ich mich ihrer erinnere, kann ich ihre Auseinandersetzung mit dem gelebten Leben nicht anders beschreiben als friedlich und erhaben. Eigentlich in keinem Augenblick des Kurses war der Blick zurück mit Reue und mit Schicksalshadern verbunden. Das ist erstaunlich, immerhin gibt es tausende Arten von Schmerz, den Menschen in sich tragen können. Bei Mitgliedern der Kriegsgeneration füllt sich das Alphabet möglicher Enttäuschungspunkte besonders rasch: dass eine Frau nicht im gewünschten Geschlecht auf die Welt gekommen ist und der Vater stets voller Groll blieb, nur eine Tochter zu haben; dass ein Mann sein Abitur nicht machen konnte, weil er eingezogen worden ist; dass eine Frau Jugend und Liebe an einen Mann verschwendet hat, der nicht nur Alkoholiker, sondern auch gewalttätig war; eine andere blieb im männerarmen Nachkriegsdeutschland alleinstehend und hat nie Kinder bekommen.

Aber tatsächlich begegnen einem dann eben versöhnliche Umgangsformen mit diesen Begebenheiten: dass der trinkende Ehemann ein Albtraum gewesen ist, doch der gemeinsame Sohn das denkbar liebste Kind der Welt; dass man ledig blieb und kinderlos, gleichwohl als Lehrerin dafür hunderte von Kindern ins Herz schließen konnte; dass man immerhin den schönen Namen Paula bekommen hat, weil der Vater eigentlich einen Sohn namens Paul wollte; dass man zwar ohne Hochschulreife blieb, allerdings auch nicht im Krieg gefallen ist – wer weiß, was im Bombenhagel der Heimatstadt geschehen wäre. In der Rückschau scheinen die Schicksalszahnräder ineinander-zuhaken und manche Menschen vermögen selbst dem Sinnlosesten noch einen Sinn zu verleihen.

Manchmal kommen im Alter auch verdrängte Themen hoch, und diese sind natürlich von den Erinnerungen zu unterscheiden, die verarbeitet werden können. Traumata sind lebensbedrohende Ereignisse gewesen und als solche gehören sie in die Hände von Experten – wie bei so vielem anderen auch weitet sich die Schere hier mit der Lebenszeit. Bei einem kleineren Teil der Älteren gibt es Veränderungen zum Schlimmeren hin und alte Wunden brechen auf. Bei den allermeisten aber finden sich die positiven Entwicklungen, und um die soll es im Folgenden gehen.

Der Positivitätseffekt der Zeit

Es gibt eine Studie aus dem Jahr 1997, in der Daten ausgewertet wurden, die man fast über ein halbes Jahrhundert lang eingesammelt hatte. Menschen beurteilten darin ihre Kindheit, und während im Alter von 30 Jahren

35 Prozent der Teilnehmer sagten, dass sie im Allgemeinen eine glückliche Kindheit gehabt hätten, so waren es 17 Jahre später 43 Prozent und 44 Jahre später sogar 85 Prozent. Es handelte sich, um das noch mal zu betonen, um die gleichen Personen, die zu verschiedenen Zeitpunkten ihres Lebens die Kindheit einschätzen sollten.

Die Meinungen über die Kindheit hatten sich mit den Lebensjahren also gehörig geändert. Das Gute erhielt mehr Gewicht, das Negative weniger, insofern erklärt sich, wie ältere Menschen selbst Entsetzlichem manchmal noch etwas Positives abgewinnen können. Die Wissenschaft spricht von einem Positivitätseffekt des Alters. Jane Austin hat in dem Roman »Stolz und Vorurteil« geschrieben: »Erinnere dich an die Vergangenheit nur insoweit, als dass du dich ihrer erfreust.« Offensichtlich hört das Gedächtnis recht gut auf diese Empfehlung.

Ein schönes Beispiel, wie sich dieser Positivitätseffekt auswirkt, ist mir vor einiger Zeit in einem Café begegnet. Hier war ich ungefragte Mithörerin einer Unterhaltung zweier Frauen, die beiden waren wohl Mitte 60 und es ging um das fabelhafte Leben ohne Brille. Das Gespräch war dabei so laut und fröhlich, dass ich nicht umhinkam, es mitzubekommen – die beiden glucksten durchs ganze Café und scherzten, wie die Welt einen Weichzeichner bekomme, wenn man sie nur mit der schlechten Sehschärfe fortgeschrittener Lebensjahre betrachtet. Was für ein Vorteil, die Brille zu Hause gelassen zu haben. Die Spuren des Lebens wären fast beseitigt, die Falten, die Altersflecke, die roten Äderchen – alles sähe besser aus. Das Selbst im Spiegelbild natürlich auch.

Die beiden Damen gaben eine Lobpreisung schlechter

Sehkraft ohnegleichen zum Besten. Zwischen Ernst und Ulk, bei der ich nicht umhinkam zu denken: Dieser Weichzeichner ist bemerkenswert, diese gnädige Sicht auf die Spuren des Lebens. Aber wie genau funktioniert er? Warum kann man in fortgeschrittenen Lebensjahren die Dinge so viel lässiger sehen?

Der rosarote Blick aufs Leben

Beim Positivitätseffekt, also dem Vermögen, das Leben rosaroter zu sehen, als es ist, spielt eine Rolle, dass ältere Menschen ihre Erinnerungen öfter abgerufen haben. Da nach jedem Abruf Erinnerungen wieder neu eingespeichert werden, gibt es hier die Gelegenheit, an ihnen etwas zu drehen, erklärt die Wissenschaft. Freilich passiert das unbewusst und ziemlich automatisch zum Positiven hin – es ist Menschen einfach eingepflanzt, ein möglichst angenehmes Bild von sich selbst zu haben. Und so frisieren Menschen ihre Lebensgeschichten mit der Zeit in Richtung besser und spannender und legen diese überarbeitete Version ab. Es gibt eine Erinnerungsoptimierung: Je öfter etwas ans Tageslicht geholt wird, umso besser sieht es im Endeffekt aus.

Der französische Soziologe Maurice Halbwachs hat schon in den 1940er-Jahren diese sehr interessante menschliche Eigenheit erkannt: dass das Gedächtnis nichts Fixes ist, sondern dass aus der aktuellen Situation heraus und im Austausch mit anderen Menschen die Erinnerung laufend bearbeitet wird.

Leider konnte Maurice Halbwachs seine Theorie nicht

detaillierter ausarbeiten, denn er wurde von den Nationalsozialisten als Sozialist und wegen Sippenhaft festgenommen. Er starb 1945 im Konzentrationslager Buchenwald. Aber im Prinzip umriss er bis dahin schon, was Forscher später belegten: dass Erinnern ein aktiver Vorgang ist, bei dem es zur Auseinandersetzung mit dem eigenen Leben kommt. Es werden Bezüge erkannt und Sinn hergestellt. Zum Teil wird auch erheblich an den Dingen gefeilt und poliert, manchmal findet sogar eine Neuinszenierung statt. Die kreative Spannweite des Gehirns ist ebenso wenig zu unterschätzen wie seine beruhigende Kraft.

Maurice Halbwachs und die Relativität der Erinnerung

Maurice Halbwachs hat in seinen Studien vor mehr als 70 Jahren bereits betont, dass man aus der Distanz heraus die Dinge gerne anders sieht, insbesondere aus entlastenden Situationen. Das kann die Rente, es kann aber auch nur ein Urlaub sein. Gemeinsam ist diesen Perspektiven aber eins. Man blickt von ihnen aus auf einen Weg, den man sonst begeht. Und so wie ein Wanderer die Mühen der gegangenen Strecke anders sieht, wenn er auf dem Gipfel steht, so sieht auch der Mensch sein Leben anders, wenn er einen Standort außerhalb des Alltags einnimmt.

Maurice Halbwachs geht davon aus, dass man mit milderer Gesinnung zurückblickt, wenn man nicht mehr aktuell von etwas betroffen ist. Manche Begegnungen erscheinen dann reicher und liebevoller – hinter dem, was man einstmals nur als Druck empfunden hat, entdeckt man womöglich Zugewandtheit, und was man als Tadel empfand, erscheint als Förderung und Ansporn. Hat nicht genau das einen weitergebracht, fragt sich der Erinnernde und ist gleich zufriedener mit seinem Leben. »Die sorgenfreie Erinnerung an vergangenen Schmerz bringt nämlich Freude«, das stammt von Cicero – ein durchaus interessanter Aspekt.

Allerdings gehen Menschen – beziehungsweise ihr autobiografisches Gedächtnis – sogar noch weiter, um ein gutes Erinnerungsbild zu erhalten. Denn manchmal betten sie sogar Erlebnisse in ihre Erinnerungen ein, die gar nicht ihre eigenen sind. Meine Großmutter erzählte mir einige Male, dass die Erinnerungen meines Großvaters immer fülliger würden an heroischen Einflechtungen je älter er wurde. Hierzu ist anzumerken: Mein Großvater war im Zweiten Weltkrieg als Soldat in Russland gewesen und er erzählte regelmäßig von dieser Zeit. Heute kann ich aus der wissenschaftlichen Perspektive, den Eindruck meiner Großmutter untermauern. Tatsächlich werden Lebensgeschichten durchaus gerne aus Büchern und Filmen angereichert, und vermutlich war das bei meinem Großvater ebenfalls der Fall.

Wie kreativ Erinnern tatsächlich ist

Der Soziologe und Sozialpsychologe Harald Welzer hat im Jahr 2002 zusammen mit Kollegen Erlebnisberichte ausgewertet, die von Zeitzeugen des Zweiten Weltkrieges geschrieben worden sind. Verfasst wurden sie allerdings erst Jahrzehnte nach Kriegsende. Dabei fiel den Wissenschaftlern auf, dass sich bestimmte Geschichten in den Beschreibungen wiederholten, obwohl die betroffenen Personen keine biografischen Überschneidungen besaßen. Letztendlich stellte sich heraus, dass eine Gemeinsamkeit doch auszumachen war. Alle hatten den Nachkriegsfilm »Die Brücke« gesehen und Elemente daraus in ihre Lebenserinnerungen eingebaut. Die fremde Quelle der Erinnerung war ihnen dabei einfach nicht mehr bewusst.

Entscheidender als das eigene Erleben scheint in solchen Fällen die emotionale Stimmigkeit zu sein. Menschen möchten ein Leben mit rotem Faden und gutem Verlauf. Als einschränkendes Kriterium kommt hinzu, dass die Lebensepisode auch als überarbeitete Fassung für die Umwelt glaubwürdig sein sollte. Doch innerhalb dieser Spielräume entwickelt das Gehirn eben schon auch mal seine eigenen Ergänzungen und gestaltet Erinnerungen um.

Das autobiografische Gedächtnis ist tatsächlich alles andere als eine filmische Dokumentation unserer Lebenszeit. Vielmehr gilt, dass kräftig weggelassen wird, dazugedichtet und nur noch ein Bruchteil erinnert. Aber angesichts der unendlich vielen Informationen, die tagtäglich auf uns einströmen, muss es auch so sein.

Vor allem das Vergessen ist wichtig. Überhaupt wird das Vermögen des Vergessens ziemlich unterschätzt in letzter Zeit. Das wird deutlich, wenn man in Gedanken einmal durchspielt, was ein umfassendes Erinnern in der Konsequenz bedeuten würde.

Wenn das Gedächtnis unerbittlich wäre

Der argentinische Schriftsteller Jorge Luis Borges hat in seiner Erzählung »Das unerbittliche Gedächtnis« einen Mann beschrieben, der mit 19 Jahren einen Unfall hat. Nach diesem entfällt ihm kein Detail seines Lebens mehr. Egal wie unbedeutend es ist, alles, was er sieht, hört oder liest, alles prägt sich ihm ein – selbst ein ihm unverständlicher lateinischer Text oder auch die Wolke, die er morgens am Himmel erblickt.

Jorge Luis Borges lässt seine Figur schließlich im Alter von 21 Jahren sterben. Je nach Sicht der Dinge kann man es auch als Erlösung sehen. Was will uns der Autor mit dieser Geschichte sagen? Und warum ist sie in diesem Buch erwähnt?

Weil das Vergessen in unserem Leben eine sehr wichtige Funktion besitzt. Einzelheiten ohne Wert müssen aussortiert werden, es ist überlebenswichtig, manches wieder aus dem Kopf zu kriegen! Wir können an zu viel Information und zu wenig Loslassen ersticken. Computer und insbesondere das Erinnern des Internets vermitteln die Unvergesslichkeit zunehmend als Normalität. Das Vergessen hat ein schlechtes Image heutzutage und viel zu schnell wird es mit Demenz in Verbindung gebracht. Doch Vergessen in einem bestimmten und nicht zu unterschätzenden Rahmen macht Sinn. Das gilt übrigens auch für Gedanken generell. Auch hier ist es gut, wenn manches eigenmächtig von unserem Kopf entschieden wird, wir können uns einfach nicht mit allem befassen.

Es gibt dazu die Geschichte von Elliot Smith, der infolge eines Unfalls völlig handlungsunfähig wurde. Weil

ihm ein innerer Kompass fehlte – ganz konkret fehlte ihm
ein Stück seines Gehirns.

Elliot Smith – Gefühle als Kompass fürs Leben

Elliot Smith war bis in die 1980er-Jahre ein erfolgreicher
Geschäftsmann gewesen. Eine Operation am Gehirn änderte aber alles. Nach dem Eingriff, den er körperlich an
sich gut überstanden hatte, war Elliot Smith dem Alltag in
kaum vorstellbarem Maße nicht mehr gewachsen. Mit einem blauen oder mit einem schwarzen Stift schreiben?
Aufräumen – ja, aber nach welchem System? Ja, überhaupt – morgens aufstehen oder nicht? Eine Frage, über
die es stundenlang im Bett nachzudenken galt. Jede noch
so kleine Entscheidung wurde für Elliot Smith ein Anlass
zu umfangreichsten Grübeleien. Elliot Smith wurde ge-
kündigt, seine Frau verließ ihn, sein Geld verlor er an
einen windigen Geschäftspartner. Innerhalb kurzer Zeit
änderte sich sein Leben vom Erfolg zum Verhängnis, weil
er keine Entscheidungen mehr traf. Was war passiert?

Der Neurologe Antionio R. Damasio brachte Licht ins
Dunkel, allerdings keine Hoffnung ins Leben von Elliot
Smith. Bei der Operation war Elliot Smith ein mandari-
nengroßer Tumor entfernt worden, gleich hinter der Stirn,
ein Teil der vorderen Großhirnrinde ging durch den Eingriff ebenfalls verloren. In Sachen Gedächtnis und Intelligenz hatte dies keine Konsequenzen für Smith, stellte der
Neurologe Damasio fest, aber eine emotionale Erkaltung
von grundlegendem Ausmaß war die schlimme Folge.

Elliot Smith zeigte keine Gefühle, weder wenn er über

sein Schicksal sprach, noch wenn es um das anderer Menschen ging. In dem Stirnlappen, den er nicht mehr besaß, befanden sich die Bereiche des Gehirns, die für Emotionen zuständig sind. Und so demonstriert der Fall Smith, dass der Verstand gar nicht so maßgeblich für unsere Lebensführung ist. Viel mehr als bis dato gedacht, haben die Gefühle das Sagen. Gut 20 000 Mal pro Tag entscheiden Menschen, schätzt der renommierte Hirnforscher Ernst Pöppel. Und die allermeisten der Entscheidungen sind nicht relevant. Blauer oder schwarzer Kuli, was macht das für einen Unterschied? Gut, wenn da ein Gefühl spontan die Richtung anzeigt. Ebenso bei Entscheidungen, die das Bauchgefühl herausfordern. Vertrauensfragen werden letztlich kaum zu reinen Kopfentscheidungen. Gefühle sind der innere Kompass. Das gilt fürs Entscheiden, aber entsprechend auch für die Erinnerung. Wehe dem armen Menschen, bei dem das gefühlsmäßige innere Aussortieren nicht mehr funktioniert.

Was bleibt, ist, was Bedeutung hat

Erinnert und ausgewählt wird in alltäglichen wie in außeralltäglichen Dingen, was emotional eine Bedeutung für uns hat. In den ersten Kapiteln dieses Buches ging es insbesondere darum, wie das Bestreben, positive Gefühle zu maximieren und negative zu minimieren, Menschen anspornt – gehörig anspornt, nicht nur, aber insbesondere auch im Alter. In der Erinnerungskultur schlägt sich das ebenfalls nieder: Ereignisse, die mit starken Gefühlen verbunden sind, werden prominent und dicht positioniert. Der erste Kuss, die erste Liebe, die erste Wohnung – im Rückblick erscheint das Leben rosiger und aufregender, als es tatsächlich gewesen ist.

Erinnern ist für Ältere in der Regel ein angenehmer Vorgang, denn die kreative Kraft unseres Gehirns tut einiges für die Zufriedenheit des Lebensresümees. »Früher war alles besser«, die Aussage wird älteren Generationen häufig unterstellt. Nun ja, dank Positivitätseffekt kommen Lebensfortgeschrittene manchmal nicht umhin, es so zu sehen. Und es sei ihnen gegönnt, dass sich die guten Erinnerungen besonders hervortun.

Doch auch kurzfristig für das Hier und Heute kann man sich die Positivitätsbestrebungen des Kopfes zunutze machen. Erinnern ist ein interessanter Weg, um herauszufinden, was man wirklich mag. In Ratgebern und psychologischen Tests wird oft gefragt: »Was haben Sie als Kind gerne getan?« Dabei kann es um Berufswahlentscheidungen, Neuorientierungen im Leben oder die Ausgestaltung des Ruhestands gehen – der Anwendungsbereich ist auf ein buntes Potpourri an Lebensfragen auszuweiten. Das erfolgversprechende Prinzip dahinter ist nämlich ebenso einfach wie genial. Es hebt sich aus der Vergangenheit hervor, was uns wirklich wichtig ist.

Erinnern kann uns auf die Spur zu uns selbst bringen, und zwar bereits in jüngeren Jahren. Es passiert auf ganz vielen Ebenen ganz viel, wenn wir uns unserer gelebten Lebenszeit zuwenden. Das macht sich auch die Biografiearbeit zunutze, die sich allerdings mit den schwierigen Meilensteinen des Lebens auseinandersetzt. Denn um die kniffeligen Knotenpunkte zu lösen, gilt es einen Schritt weiter zu gehen. Zudem sollte man auf ein paar Dinge achten.

Erinnern als Arbeit an der Biografie

Erinnern tut gut, das kann man ziemlich kategorisch so sagen, wenn man das Grübeln über Vergangenes von Erinnern unterscheidet. Grübeln ist eine Verstrickung im Denken, die nicht gesund ist. Ursache wie Folgen übermäßigen Grübelns sind emotionale Störungen von solcher Tiefe, dass die körperlichen Selbstheilungskräfte des biografischen Gedächtnisses überfordert sind.

Grübeln ist auf jeden Fall von der Biografiearbeit zu unterscheiden – in den Gedankenkreisen des Grübelns kann man sein Leben gewissermaßen verlieren. Einer Lösung kommt man nicht näher, dafür aber depressiven Verstimmungen, weil sich negative Gedanken hochschaukeln. »Mich hat man noch nie gemocht« – »Ich hab schon immer versagt« – »Warum zeigt sich das Leben immer mir gegenüber unfreundlich«. Die Frage, ob einen die Überlegungen weitergebracht haben, können Grübler nie mit Ja beantworten. Nicht nach zwei Minuten, nicht nach zehn und auch nicht nach zwei Tagen, Wochen oder Jahren.

Wenn es jetzt aber um einen normalen Umgang mit der Vergangenheit geht, da hat der Entwicklungspsychologe Gerd Mietzel beobachtet, dass ältere Menschen lebenszufriedener wurden, wenn sie wöchentlich die Gelegenheit bekamen, biografische Erinnerungen zu erzählen. Und der Psychologieprofessor James Pennebaker hat die positive Wirkung des Erinnerns ganz allgemein nachgewiesen.

Pennebaker führte in den 1980er-Jahren das sogenannten Schreib-Paradigma durch. Dabei wurden zwei Gruppen von Versuchspersonen gebildet. Alle Teilnehmer hatten die Aufgabe, an vier aufeinanderfolgenden Tagen 15 Minuten zu schreiben. Die eine Gruppe sollte oberfläch-lich-beschreibende Texte verfassen – also zum Beispiel den Raum darstellen, in dem sie gerade waren. Die zweite Gruppe sollte sich dagegen mit belastenden und schmerz-haften Erlebnissen auseinandersetzen, zum Beispiel mit Unfällen, Todesfällen oder gescheiterten Liebesbeziehun-gen. Alternativ konnten sie auch emotional extrem wich-tige Themen behandeln, die das Leben auf nachhaltige Weise beeinflusst hatten. So oder so ging es um aufwüh-lende Erinnerungen und tiefe Gedanken und Gefühle.

Die Personen, die für Pennebaker über Schwieriges schreiben sollten, bekamen von ihm konkrete Anweisun-gen. Gefühlsmäßig sollten sie sich in die Tiefen des Selbst wagen. Die 15 Minuten sollten sie möglichst ohne Unter-brechung schreiben und tatsächlich erst aufhören, wenn die Zeit vorbei war. Auf Rechtschreibung, Satzbau oder Grammatik galt es nicht achten. Aber sie könnten gerne die behandelten Ereignisse mit dem heutigen Leben und auch mit aktuellen Beziehungen in Verbindung bringen. Dabei könnten sie auch umreißen, welche Bedeutung das Geschehen in der Gegenwart noch hat.

Schreiben und seine positiven Effekte auf Psyche und Körper

Wer tatsächlich in der vorgegebenen Art über die belas-tenden Ereignisse seines Lebens geschrieben hatte, für den zeigte sich zunächst eine Stimmungsverschlechte-rung, das stellte Pennebaker in seinen Studien fest. Aber nach einiger Zeit wendete sich das Blatt. Nach zwei Monaten überflügelte das seelische Befinden der Problemgruppe das der Gruppe, die sich mit Oberflächlichkeiten beschäftigt hatte. Auch bei der Anzahl der Arztbesuche gab es Veränderungen: Personen, die sich mit ihren belastenden Lebenserinnerungen auseinandergesetzt hatten, frequentierten Ärzte nur halb so oft wie die Vergleichsgruppe – das Schreiben wirkte zeitversetzt sehr positiv auf die Psyche und den Körper.

Die Auseinandersetzung mit der eigenen Biografie wirkte den klinischen Untersuchungen nach also in eindrucksvoller Weise. Unter dem Namen Expressives Schreiben findet das Schreib-Paradigma von Pennebaker inzwischen auch therapeutische Anwendung. Heilend wirkt es dabei besonders auf Menschen, die in ihren Texten Beziehungen zwischen den traumatischen Begebenheiten und anderen wichtigen Aspekten des Lebens herstellen. Wer aus den belastenden Lebensereignissen eine stimmige Lebensgeschichte formt, nutzt die Verarbeitungskompetenz offensichtlich am besten.

Ende der 1990er-Jahre hat James Pennebaker zusammen mit seiner Kollegin Janel Seagal die Theorie entwickelt, dass das Gehirn belastende Ereignisse besser abspeichern kann, wenn sie in eine sinngebende Erzählung eingebettet sind. Im nächsten Schritt würde so auch das Vergessen möglich werden. Es sei eine Art emotionale Beruhigung, die stattfindet, wenn eine schlechte Erinnerung endlich ihren Ort bekommen hat.

Expressives Schreiben als Umgang mit biografischen Erlebnissen kann länger zurückliegende Ereignisse ordnen, aber auch bei aktuellen Belastungen helfen. Es ist so oder so also auch für jüngere Menschen interessant. Psychologen der University of British Columbia in Vancouver/Kanada haben im Jahr 2009 Berufstätige über Ungerechtigkeiten schreiben lassen, die ihnen bei der Arbeit widerfahren sind. Wer über mehrere Tage seine Gedanken und Gefühle niederschrieb, der hatte positive Auswirkungen auf sein psychisches Wohlbefinden. Schreiben reduziere negative Gefühle und Gedanken und fördere konstruktive, resümierten die Wissenschaftler Laurie Barclay und Daniel Skarlicki. Sehr effektiv könne man auf diese Weise innere Ausgeglichenheit und Wohlbefinden aktiv wiederherstellen.

Johann Wolfgang von Goethe hat es unvermittelter formuliert: »Geschichten schreiben ist eine Art, sich das Vergangene vom Halse zu schaffen« – das sagte er nicht nur, das tat er auch. Mit dem weltbekannten Roman »Die Leiden des jungen Werthers« hat Johann Wolfgang von Goethe autobiografisch zum Beispiel seine unglückliche Liebe zu einer bereits vergebenen Frau verarbeitet. Das Leiden des jungen Goethe in dieser Sache war damals durchaus schlimm, vor dem Roman hat er mit Suizidgedanken gespielt. Doch statt Goethe selbst ist seine Romanfigur gestorben und Goethe verfasste mit dem dazugehörigen Drama den ersten Bestseller der deutschen Literatur.

Dass die Auseinandersetzung auf dem Papier hilft, sich aus den Verstrickungen der Vergangenheit zu lösen, ist Motivation für nicht gerade wenige Autoren. Wenn also typischerweise das Verarbeiten durch Erinnern zwar eine Stärke der Älteren ist, können auch Jüngere erheblich von ihr profitieren und vielleicht sogar große Werke dabei schaffen. Wessen Ambitionen kleiner sind, der kann die positiven Effekte aber ebenso gut erst einmal mit dem Expressiven Schreiben ausprobieren.

Lebenskunst zum Ausprobieren: Expressives Schreiben

Schreiben, wie es einem in den Sinn kommt, das hat therapeutisches, aber auch künstlerisches Potenzial. Weil es die Tiefen der Seele anzapft, experimentieren auch Künstler gelegentlich mit Schreibtechniken. Die französischen Surrealisten Breton und Soupault zum Beispiel schrieben Anfang des letzten Jahrhunderts ohne Rücksicht auf Rechtschreibung, Interpunktion, Grammatik, Logik und Formgebung pausenlos bis zur Halluzination und körperlichen Erschöpfung. Das Ganze war als Selbstanalyse und Enthüllung gedacht, als Weg zum Unbewussten.

Beim Expressiven Schreiben mit therapeutischerem Anspruch geht es freilich anders zu. Es wird mit einer klaren Zeitbeschränkung gearbeitet. Grüblerischem Gedankenkreisen soll vorgebeugt werden. Denn Ziel ist es ja auch, einen Abschluss mit den Dingen zu finden.

Auswählen sollte man für das Expressive Schreiben Themen, die einen berühren, beschäftigen oder bedrücken. Diese sollen durch das Expressive Schreiben auf eine neue Bearbeitungsstufe gehoben werden. Allerdings gibt es auch Themen – insbesondere ist das bei frischen Traumata der Fall –, die einen überfordern. Sollte man das Gefühl außerordentlichen Aufgewühltseins oder extrem negative Emotionen haben, gilt es das Thema zu wechseln oder das Schreiben sogar abzubrechen. Man sollte sich die Unterstützung anderer, womöglich auch speziell dafür ausgebildeter Personen für die Bearbeitung solcher Themen suchen.

Traurigkeit und Erschöpfung an sich sind allerdings noch kein Anlass zur Beunruhigung. Letztlich sind das normale Emotionen, die bei gesunden Menschen nach einer Zeit wieder verschwinden. Das sollte man sich auch vergegenwärtigen, wenn die Lust zum Schreiben abnimmt. Es gilt trotzdem dranzubleiben, weil die positiven Gefühle zeitversetzt kommen. Schon bei den Studien James Pennebakers hat sich ja gezeigt, dass die angenehmen Effekte einige Wochen auf sich warten lassen. Aber dann machen sie sich physisch und psychisch breit.

Damit ein tieferes Einlassen auf das Vergangene möglich ist, sollte man an mindestens drei bis fünf aufeinanderfolgenden Tagen für jeweils 15 Minuten schreiben. Am besten lässt man sich mit einem Wecker oder einer Küchenuhr das Ende der Schreibübung anzeigen. Wenn zu einem Ereignis eigentlich alle Gedanken, Eindrücke und Gefühle auf das Papier gebracht sind, sucht man sich ein anderes aus. Weitergehen im Denken ist wichtig. Umgekehrt gilt aber auch, dass ein Geschehen durchaus wiederholt aufgegriffen werden kann. Mit manchen Themen verbindet man einfach mehr, dann setzt man sich eben öfters daran. Dennoch Vorsicht vor der Grübelspirale! Es ist ja gerade der befreite Blick in die Gegenwart und in die Zukunft, den das Expressive Schreiben bringen soll.

James Pennebaker und seine Kollegen haben bei einer ihrer Studien ja auch festgestellt, dass Ältere weniger rückwärtsgewandt sind als die jüngeren Generationen.

Die Menschen, die so viel Vergangenheit haben, für die ist das Heute wichtiger und auch das, was kommt. Das ist der große Gewinn der Biografiearbeit. Irgendwann hat man sich genug erinnert und dann kann man die Dinge ruhen lassen. Und nicht wenige sehen es auch als Voraussetzung für friedvolles Sterben an, dass man Einverständnis mit seinem Leben gefunden hat.

Sterben ist nun der Punkt, auf den sich das Alter hinbewegt. Es die letzte Aufgabe des Lebens. Tatsächlich kann man von Sterbenden die größten Lektionen überhaupt erhalten. Dass selbst hier viel mehr Annahme möglich ist, als man es sich in jüngeren Jahren vorstellen kann. Und wie kostbar das Leben ist.

Über Grenzerfahrungen und Aussöhnung

Die Annahme der Endlichkeit als Aufgabe des Lebens

Es war meine Großmutter, die an dem drückend-heißen Frühlingstag Heiterkeit in den Raum brachte. Mit gewisser Trockenheit kommentierte sie ein feucht-kühles Tuch für ihre Stirn: »Also gut, solange es mir steht, werde ich es tragen.« Ab und an flirtete sie mit dem Pfleger. Und das, obwohl es ihr wirklich schlecht ging an ihrem letzten Lebenstag.

Ich will das Sterben an dieser Stelle keineswegs bagatellisieren. Es ist ein Prozess voller Traurigkeit. Einer, der mit Angst und Wut und Schmerz erfüllt ist – all das gab es bei meiner Großmutter. Aber eben auch die fröhlichen und befreiten Momente.

Der deutsche Erzähler Wilhelm Raabe sagte: »Humor ist der Schwimmgürtel auf dem Strom des Lebens.« Und wenn der Strom wilder wird, ja, dann stellt der Schwimmgürtel seine Tragfähigkeit wirklich unter Beweis. Doch dass er das sogar in der unendlich traurigen Situation des Lebensendes konnte, ist für mich eine nach wie vor erstaunliche Tatsache. Diese Tragfähigkeit hätte ich ihm nie zugetraut.

Denn wenn Schicksalsschläge und Verluste das Alter grundsätzlich begleiten und selbst wenn Gelassenheit und Heiterkeit schon trainiert sind, so gibt es am Ende des

Lebens unvergleichlich zugespitzte Bedingungen. Das Leben ist gelebt und man blickt dem eigenen Tod ins Angesicht – wie kann man an dieser Situation nicht verzweifeln? Und da letztendlich alle Menschen irgendwann ihrer Endlichkeit gegenüberstehen, ist das eine Frage von großer Bedeutungskraft.

Der Tod als sinnlose Begebenheit – Max Weber

Tatsächlich hat Max Weber, der große Klassiker der Soziologie, für den modernen Menschen kein hoffnungsvolles Bild gezeichnet, was das Sterben anbelangt – das diagnostizierte er vor gut 100 Jahren. Für Weber waren angesichts der Endlichkeit des Daseins nur Schwermut und Verbitterung denkbar. Zum einen, weil die Fülle an Erlebnissen, die die Moderne bietet, den Menschen nur frustrieren könne – letztendlich habe er am Ende immer den Großteil verpasst. Zum anderen fehle dem modernen Menschen die Religion. Solange der Mensch in ein religiöses System eingebunden war, solange konnte er – laut Weber – mit dem Tod die Hoffnung auf ein besseres Leben verknüpfen. Für den modernen Menschen aber, der höchstens noch einen losen Glauben habe, bestehe keine solche Chance mehr; Versöhnung mit dem Tod, das sei für ihn eine Unmöglichkeit.

»Ein Kulturmensch«, so formulierte es Max Weber in einer Rede 1917, »hineingestellt in die fortwährende Anreicherung der Zivilisation mit Gedanken, Wissen, Problemen, der kann ›lebensmüde‹ werden, aber nicht ›lebensgesättigt‹ [sein]. Denn er erhascht von dem, was das

Leben [...] stets neu gebiert, ja nur den winzigsten Teil, und immer nur etwas Vorläufiges, nichts Endgültiges, und deshalb ist der Tod für ihn eine sinnlose Begebenheit.«

Wenn es gemäß der Sichtweise Max Webers keine Möglichkeit gibt, die Endlichkeit der Existenz sinnhaft in das Leben zu integrieren, verbleibt an sich nur die Todesverdrängung als Strategie, um sich das Dasein nicht zu verderben. Und in der Tat gehen viele Menschen durchaus in der Art vor.

So gab es in einigen Städten schon Klagen gegen den Bau von Hospizen und Sterbehäusern. Nachbarn hatten diese eingereicht und solches ist durchaus symptomatisch dafür, wie Menschen heute die direkte Berührung mit dem Sterben umgehen. Auch im üblichen Alltag begegnet der Tod ihnen heute kaum mehr.

Während früher, als die Menschen enger und mit mehreren Generationen zusammenlebten, Kontakt zu Tod und Sterben bereits in jungen Jahren selbstverständlich war, ist dieser heute nicht mehr gegeben. Inzwischen kommt der Tod verborgen hinter den Fassaden von Krankenhäusern und Heimen zu den Menschen, die breite Bevölkerung merkt und sieht nichts davon. Ist vor 100 Jahren lediglich ein Prozent der Menschen in Institutionen gestorben, so sind es inzwischen 70 bis 80 Prozent.

Allerdings führt all dies nicht dazu, dass die Todesangst geringer wird. Paradoxerweise ist die Angst vor dem Sterben in den mittleren Lebensjahren höher als im Alter, obgleich die Bedrohung durch den Tod in der zweiten Lebenshälfte eine ungleich größere ist.

Von der Furcht zur Annahme kommen

Ich erinnere mich, dass mein Großvater immer wieder diagnostizierte »Die Einschläge rücken näher«, als mehr und mehr seiner Bekannten und Freunde starben. Er selbst war Ende 70 und dann in den 80er Jahren. Dabei blieb er auch keineswegs unberührt von dem Versterben der Menschen, das auf gar keinen Fall. Aber verhältnismäßig nüchtern nahm er dieses auf. Vermutlich hat das damit zu tun, dass sich Angst oft relativiert, wenn man das angstbesetzte Objekt näher kennenlernt – aus der Vorurteilsforschung weiß man von diesen Zusammenhängen.

Studien haben gezeigt, dass eben dies auch für das Lebensende gilt. Menschen, denen der Tod nicht fremd ist – weil nahestehende Menschen verstorben sind oder sie selbst schon einmal in lebensgefährlicher Situation waren –, verbinden vermehrt Erlösung mit ihm; Menschen mit weniger Erfahrungen haben dagegen eher Angst vor ihm.

Ich bin mir durchaus des Privilegs bewusst, dass ich meine Großmutter beim Sterben begleiten konnte und sie letztendlich einen friedvollen Abschluss vom Leben fand. Und bis heute bin ich gerührt, wie sie an ihrem letzten Lebenstag bemüht war, mein Leben zu erleichtern und mich zu ermuntern. »Schau nicht so traurig, Mädchen. Lach doch mal.« Damit hat sie tiefe Spuren hinterlassen. Und das Bewusstsein, dass Zuversicht möglich ist auch an dunklen Tagen. Es gibt da ein interessantes Experiment, das Sozialpsychologen der Universität Würzburg durchgeführt haben. Auf den ersten Blick mag es an dieser Stelle womöglich nicht passend erscheinen. Aber der erste Blick täuscht oft.

Lebenskunst zum Ausprobieren:
Lächeln für einen selbst

Die Sozialpsychologen der Universität Würzburg zeigten vor einigen Jahren Versuchspersonen Comics. Das eine Mal hielten Personen währenddessen einen Bleistift mit den Zähnen fest, was den Mund in eine Art Lachhaltung bringt. Das andere Mal wurde der Bleistift mit einem Schmollmund gehalten. Das Ergebnis: In der Lachhaltung fanden die Probanden die Comics erheiternder als in der Schmollmundhaltung. Nachgewiesenermaßen spiegeln sich im Gesichtsausdruck nicht nur Emotionen, sondern die Emotionen können auch umgekehrt durch die Mimik beeinflusst werden – es gibt da in beiderlei Richtung Austausch. Deswegen kann uns bereits ein Lächeln in positivere Stimmung bringen, ein Stirnrunzeln kann sich negativ auf das Befinden auswirken

Und wenn ich mich an das »Schau nicht so traurig, Mädchen. Lach doch mal« meiner Großmutter erinnere, frage ich mich: Waren diese Worte Wissen oder Zufall? Oder war es Lebensweisheit – dass ein Lachen guttun kann, gerade in schwierigen Situationen?

Eine interessante Überlegung dazu gibt der deutsch-amerikanische Psychoanalytiker Erik Erikson, der als Forscher größte Anerkennung besitzt. Wie ein versöhnlicher Ausklang am Ende des Lebens möglich ist, war eines seiner zentralen Themen, dabei hat er auch deutlich gemacht, dass man das Blickfeld über den Sterbensprozess hinaus erweitern muss, um eine befriedigende Antwort zu entdecken.

Erikson hat das getan und ein Modell aufgebaut, das

von verschiedenen Entwicklungsschritten ausgeht, die ein Mensch im Lauf seines Lebens zu bewältigen hat. Tut er dies erfolgreich, dann wartet am Ende eine Reife auf ihn, mit der er den Tod nicht mehr fürchten braucht. In seiner wissenschaftlichen Theorie sieht Erikson Aussöhnung und Zufriedenheit als ebenso möglich wie als erstrebenswert an. Und er spricht von einer großen Weisheit, die man dann hat.

Erik Erikson und die Frage, wie man dem Tod begegnen kann

Von Erik Erikson stammt das sogenannte Modell der psychosozialen Entwicklung. Entwicklung wird hier als etwas betrachtet, das der Mensch über sein ganzes Leben hat. Auch die Krisenhaftigkeit des Daseins spielt für Erikson dabei eine Rolle. Eins ist trotz allem nämlich klar: Der Tod ist kein erfreuliches Thema, obgleich er ein unvermeidliches ist. Aber für Erik Erikson sind es genau eben die Konflikte und die Schwierigkeiten, aus denen Entwicklung resultiert.

In seinem 1979 veröffentlichten Modell unterscheidet Erikson acht Stufen, die es für den Menschen in seinem Lebenslauf zu bewältigen gilt. Die erste Herausforderung ist wohl die bekannteste: ein Kind muss Urvertrauen zu seiner Umwelt entwickeln – oder zumindest sollte das so sein. Bei einem geglückten Lebensverlauf sind über die Kindheit, Jugend bis in das Erwachsenenalter hinein dann noch die Fähigkeit zur Autonomie zu erwerben, durch die sich der Mensch als Einzelwesen begreift, sowie das Vermögen zur Initiative, bei dem es dann um Zielstrebigkeit geht; auch die Entwicklung eines Leistungsanspruchs ist wichtig und ebenso die der Identität, sodass man weiß, wer man ist und was nicht zu einem passt; daran schließt sich der Punkt Intimität an, der darin besteht, eine tragfähige Partnerschaft aufzubauen und eine Balance zwischen Nähe und Distanz zu finden. Und dann sieht Erikson noch zwei Aufgaben, die im höheren Erwachsenenalter anstehen.

Entwicklungsherausforderungen des fortgeschrittenen Lebens

Auch im fortgeschrittenen Erwachsenenalter sieht das Modell Erik Eriksons zwei Entwicklungsherausforderungen für den Menschen. Zum einen die der sogenannten Generativität, womit der Wunsch bezeichnet wird, der nachkommenden Generationen etwas vom Wissen, von den Erfahrungen, vom Können und Tun weiterzugeben. Zum anderen die der Ich-Integrität – bei dieser Aufgabe hat man die Vergangenheit mit all ihren positiven und negativen Ereignissen zu akzeptieren.

Hier schließt sich der Kreis, was das versöhnliche Sterben anbelangt. Werden alle Entwicklungsschritte bis zum Schluss gegangen, ist in Eriksons Modell der Tod nicht mit Furcht verbunden. Wenn die Entwicklungsschritte allerdings nicht stattfinden, dann bildet der boshafte, verbitterte oder deprimierte Senior das Entwicklungsende, eine Person, die ebenso schwer für sich wie für seine Umwelt zu ertragen ist. Aber anders als der Soziologe Max

Weber es sah, besteht nach Erikson diese Gefahr eben nicht für alle Menschen. Und auch ich habe ja erlebt, dass ein friedlicher Abschied möglich ist.

Für Erikson hat also auch der Mensch der Moderne Gestaltungskraft, was sein Sterben anbelangt. Aber das ist etwas, was es durchaus auf lange Sicht vorzubereiten gilt. Was man den nachfolgenden Generationen hinterlässt, das ist dabei ein wesentlicher Punkt. Vielleicht war es auch das, was meine Großmutter ein Stück befreit hat. Dass sie mir so viel geben konnte. Noch an ihrem letzten Lebenstag Zuversicht, was das Lebensende anbelangt. Darüber hinaus natürlich viele weitere Prägungen in mir. Denn das Leben ist keine Insel. Generativität ist ein großer Gewinn.

Das Leben ist keine Insel

Vom Wert und Gewinn des Gebens und Nehmens

In der zweiten Lebenshälfte erscheint so einiges anders. Das gelebte Leben wird umfangreicher und damit verbunden wird unleugbarer, dass der Tod Stück für Stück näher rückt und die Zukunft in zunehmenden Maße ohne einen stattfinden wird. Dieser Fakt und ebenso das Gewahrwerden dessen ist hart und Reaktionen sind in verschiedene Richtungen vorstellbar. Ältere könnten generativ werden und sich nun vermehrt um künftige Generationen kümmern, so wie dies der Psychoanalytiker Erik Erikson empfiehlt. Das würde Großzügigkeit bedingen, man würde zum Beispiel nicht mehr sparen, weniger für sich zurücklegen und mehr Zeit für andere investieren. Allerdings ist ebenso denkbar, dass die Menschen immer ichbezogener die Gegenwart leben, wenn die Lebenserwartung sinkt. Was kommt, was war ... Hauptsache das Jetzt und Heute ist möglichst angenehm.

In den Medien wird manchmal tatsächlich über die »egozentrischen Alten« berichtet. Selbst dem Bundespräsidenten war im Jahr 2008 eine Bemerkung entglitten, die dann zum Favoriten in Sachen »Unwort des Jahres« geworden ist. Was war passiert? Der Bundespräsident hatte bei einem Interview mit der Bild-Zeitung vor einer »Rentnerdemokratie« gewarnt – also vor einer Gesellschaft, in

»der die Älteren die Jungen ausplündern«. Weil ihre eigene Zukunft kurz ist, würden Ältere nur noch an sich denken und zum Nachteil der nachfolgenden Generationen handeln – in diese Richtung gingen die Gedanken.

Doch gemessen an der Realität sind das ungerechte Vorurteile. Tatsache ist: Genau umgekehrt wird ein Schuh draus. Ältere haben ein starkes Ansinnen, etwas für andere zu tun. Gerade in unserer so ichzentrierten Gesellschaft leben Ältere ein Modell der Nachhaltigkeit vor, mit dem sie sich nachweislich besser fühlen. Geben ist wissenschaftlich bewiesen seliger denn nehmen. Es ist ein doppeltes Glück, von dem die Jüngeren profitieren und die Älteren ebenso.

Der Psychoanalytiker Erik Erikson hat in diesem Zusammenhang den Begriff der »Generativität« entwickelt, den es davor tatsächlich so noch nicht gab. Vielleicht weil die Erscheinungsvielfalt von Generativität eine einheitliche Bezeichnung nicht unbedingt nahelegt? Elternschaft gehört zur Generativität, aber auch wer Förderer, Mentor, Lehrer oder Helfer ist, kann generativ tätig sein. Im Bereich der Kunst, der Kultur, der Politik und der Ökologie gibt es überdies Wege und Möglichkeiten. Der Vorsatz, im hohen Alter möglichst selbstständig zu leben und die Belastung für andere gering zu halten, trägt letztlich auch Generativität in sich. Erik Erikson hat ihn zwar bei der Entwicklung seines Modells noch nicht berücksichtigt, aber die neuere Forschung tut das, denn sie sieht dasselbe Motiv wirken.

So vielfältig die Formen der Generativität letztlich sind, so einheitlich ist der Mechanismus dahinter: Es geht in der zweiten Lebenshälfte besonders darum, das Leben der nachwachsenden Generationen anzureichern. Ihnen Spuren, Lebenschancen, ein Erbe zu hinterlassen. Etwas zu erschaffen, das ohne einen weiterexistieren kann.

Dieses Bestreben unterscheidet Generativität auch von Selbstverwirklichung. Das Bedürfnis, bedeutungsvoll zu sein, hat an sich jeder Mensch. Und ebenso den Wunsch, das zu tun, was ihm wichtig erscheint. Aber generativ wird solches erst, wenn ein Bezug zu anderen oder zur Gesellschaft insgesamt erkennbar ist. Die Haltung der Fürsorge macht den Unterschied, das Wegrücken von der Ichbezogenheit.

Das Bedürfnis, Liebe in die Zukunft zu tragen

Generativität bezeichnete Erikson auch als das Bedürfnis, »Liebe in die Zukunft« zu tragen. Wobei man sich selbst dabei nicht aus den Augen verlieren sollte, das betonte Erikson ebenfalls. Generativität soll keine Selbstausbeutung sein. Doch darunter angesiedelt, ist Fürsorge für andere, so Erikson, eine entscheidende Entwicklung im Leben, getreu des Gedankens »Ich bin, was ich bereit bin zu geben«.

Dass Erik Erikson zur Generativität so schöne Worte fand und von »Liebe in die Zukunft tragen« sprach, kommt übrigens nicht von ungefähr, denn Erikson war nicht nur Forscher, sondern ebenfalls ein herausragender Schriftsteller. Für eine Biografie über Mahatma Gandhi erhielt er 1970 sogar den Pulitzer Preis.

Wenn nun Erikson Generativität als entscheidenden Entwicklungsschritt des höheren Erwachsenenalters ansieht, dann ist dieser auch mit einem anderen verbunden. Dem nämlich, dass in den höheren Lebensjahren Überlegungen auftauchen wie »Was habe ich in meinem Leben erreicht?« und »Was bleibt von meinem Dasein?«. Fragen dieser Art entstehen, wenn die Zukunft kürzer ist als die Vergangenheit. Es sind die typischen Sinnfragen, die ab den mittleren Lebensjahren bohrend werden. Und es tauchen konsequenterweise die typischen Probleme mit den Sinnfragen auf, denn klare Antworten finden sich auf sie nun mal nicht.

Allerdings gibt es mit der Generativität offensichtlich eine Strategie, besser mit diesen Sinnfragen umgehen zu können. Auch die amerikanischen Psychologen Dan P. McAdams, Holly M. Hart und Shadd Maruna empfehlen Menschen ab 45 Jahren, etwas zu schaffen, das über die eigene Existenz hinausgeht. Denn in ihren Studien haben sie festgestellt, dass Generativität für die psychische Gesundheit ein enormer Gewinn ist. Je stärker Menschen im mittleren Alter ihren Wunsch danach realisieren, desto selbstbewusster und fitter sind sie. Für Lebenszufriedenheit und Wohlbefinden sei generatives Tun die erste Wahl.

Wenn man den Blick nun auf die Realität des generativen Tuns wendet, so zeigt sich die ältere Generation tatsächlich rege. Von wegen Rentnerdemokratie, es wird viel gegeben, das Prinzip der Generativität wird gelebt. Als das Institut für Demoskopie Allensbach im Jahr 2012 im Auftrag des Generali Zukunftsfonds untersuchte, wie sich die Generation 65plus für Jüngere engagiert, kam heraus, dass sie mit durchschnittlich rund 15 Stunden im Monat ihre Enkelkinder betreuen und ihren erwachsenen Kindern in Garten und Haushalt helfen. Auch finanziell unterstützen sie die jüngeren Generationen regelmäßig, im Durchschnitt werden 157 Euro monatlich abgegeben. Und wenn man den Blick weitet und darauf schaut, wie sich Ältere über Familienbande hinaus freiwillig einsetzen, so liegt die Engagementquote der über 50-Jährigen bei rund einem Drittel; auch bei den über 75-Jährigen ist noch einer von fünf für andere aktiv. Selbst im Denken finden sich Spuren dieser Orientierung wieder, das hat der in diesem Buch schon öfters erwähnte Psychologieprofessor James Pennebaker herausgefunden.

Von Selbstsucht und von Selbstlosigkeit

Als James Pennebaker mit seiner Kollegin Lori Stone die Sprache von Menschen im Alter von sieben bis 70 analysierten, stellten die beiden fest, dass Ältere weniger ichzentriert sind. Mit steigendem Lebensalter benutzt man seltener selbstbezügliche Pronomina wie »ich«, »wir«, »mein« und »unser«, all diese verlieren an Bedeutung. Vor allem das »Ich« kommt viel seltener vor als bei jüngeren Untersuchungsteilnehmern. Älteren geht es häufiger um ein Anliegen, einen Gegenstand oder das Tun. Zusammenfassend kann man sagen, dass sich Lebensfortgeschrittene also mehr um das kümmern, was außerhalb ihrer selbst liegt, und dass das Um-sich-selbst-Kreisen im Laufe der Jahre abnimmt.

In diesem Sinne ist mit dem Alter tatsächlich ein gedankliches Abschiednehmen von einem »Ich« verbunden, das mehr der Vergangenheit angehört, als dass es Zukunft hat. Das hört sich nach einem Reifeprozess an, und das ist es auch.

»Wer Bäume setzt, obwohl er weiß, dass er nie in ihrem Schatten sitzen wird, hat zumindest angefangen, den Sinn des Lebens zu begreifen«, schrieb der indische Literaturnobelpreisträger Rabindranath Tagore. Und Marie Freifrau von Ebner-Eschenbach formulierte es vor über 100 Jahren so: »Bis zu einem gewissen Grade selbstlos sollte man schon aus Selbstsucht sein.« Recht haben gewiss beide, denn wer für andere etwas tut, ohne sich selbst und seine Interessen aufzugeben, der hat ein Plus an Lebenszufriedenheit – das gilt altersunabhängig und allgemein.

Bewiesenermaßen tut Freundlichkeit gut und überdies gibt es für sie natürlich auch zahlreiche Anwendungsmöglichkeiten. »Freundlichkeit ist die größte aller ungenutzten Kapitalreserven«, sagen die Zyniker, wobei das natürlich überzogen negativ ist. Trotzdem steckt ein Kern Wahrheit darin und man kann sich durchaus über das Gewohnte hinaus mal nach Gelegenheiten umsehen, ein wenig mehr Freundlichkeit in die Welt zu streuen. Dazu gibt es ein inspirierendes Experiment von einem Forscherteam aus den Vereinigten Staaten.

Lebenskunst zum Ausprobieren: Geben ist seliger als nehmen

Ein Forscherteam rund um die US-amerikanische Sozialpsychologin Sonja Lyubomirsky hat Studenten pro Woche fünf »zufällige Aktionen der Freundlichkeit« durchführen lassen, wie die Wissenschaftler die Aufgabe nannten. Wobei die Studenten sich aussuchen konnten, wie die Aktionen im Einzelnen aussahen. Vorgegeben war allerdings, dass sie etwas tun sollten, das einem anderen nutzt oder ihn glücklicher macht. Einen Freund bei einer Arbeit unterstützen, einer nahestehenden Person schreiben, warum sie einem wichtig ist, jemandem etwas Nettes sagen, dem es selten passiert (den Angestellten bei der Müllabfuhr beispielsweise), einem ehemaligen Professor danken, in diese Richtung sollten die Aktionen gehen. Und es gab noch eine weitere Vorgabe: Ein Teil der Studenten führte die Aktionen der Freundlichkeit immer an einem bestimmten Wochentag gesammelt durch, ein anderer Teil verteilte sie über die Woche hinweg.

Nachdem die Studenten die Aktionen sechs Wochen lang praktiziert hatten, konnten die Forscher messen, dass das Wohlbefinden bei einem Teil der Studenten signifikant angestiegen war. Bei den Studenten nämlich, die an einem Tag pro Woche konzentriert Aktionen der Freundlichkeit durchgeführt hatten. Vermutlich verflüchtigt sich die Wirkung, wenn die Freundlichkeiten weiter auseinanderliegen, wogegen sie sich gesammelt an einem Tag aufaddieren – mit der Konsequenz, dass sie sich im Gedächtnis besser verankern.

Unterm Strich lautet das Ergebnis also, dass Engagement für andere das Wohlbefinden steigert, dass man allerdings ein bestimmtes Ausmaß erreichen muss, ehe sich das in der Erinnerung niederschlägt. Und das spricht doch alles sehr dafür, sich regelmäßig mal einen Tag für fünf Aktionen der Freundlichkeit vorzunehmen.

Freundlichkeit, Generativität und die Bereicherung des Lebens

Die Übergänge zwischen fürsorglicher Freundlichkeit, Generativität und Austausch zwischen den Generationen sind fließend. Mir hat eine 53-jährige Freundin beschrieben, was für sie der Umgang mit Jüngeren bedeutet – insbesondere was ihre eigene Bereicherung anbelangt: »Ich finde es ganz arg schön, von der jungen Generation etwas mitzukriegen. Ich möchte nicht, dass das irgendwann einmal gekappt wird. Ihre Gedanken kennenzulernen, wie sie die Welt sehen, wie sie drauf sind. Dann erklären die Jüngeren mir auch viel, was Technik anbelangt. Das erfüllt alle Klischees. Aber dafür kann ich ihnen natürlich so einiges aus meiner Erfahrung mitgeben. Dennoch muss ich sagen, von der Energie junger Leute nehme ich viel mit. Wie furchtlos sie sich ins Berufsleben stürzen und in die Arbeit. Das ist toll.«

Prinzipiell bestätigen die Alterswissenschaftler Andreas Kruse und Eric Schmitt genau das auch durch die Forschung. Austausch, Generationendialog und Mitverantwortung zu erfahren, das wirkt positiv auf die Identität und die Lebenszufriedenheit. Wobei die beiden überdies in einer Studie herausgefunden haben, dass das für alle Altersgruppen gilt. An der Untersuchung teilgenommen haben Personen im Alter von 15 bis 85 Jahren und ein Gewinn aus Generationenkontakten war auch bei den jungen Teilnehmerinnen und Teilnehmern nachweisbar. Allerdings ist die Lebensbereicherung »Generativität« bei Älteren klarer und bewusster gegenwärtig, weil das Bedürfnis, »Liebe in die Zukunft zu tragen«, gegen Ende des Lebens stärker wird.

Auch bei Hochbetagten gibt es noch ausgeprägte generative Bestrebungen. Die 100-Jährigen, die in der Zweiten Heidelberger Hundertjährigen-Studie befragt worden sind, betonten mit Nachdruck, dass sie ihr Lebenswissen und ihre Erfahrungen gerne an andere Generationen weitergeben möchten. Zumindest in den Dingen, die sie aus ihrer Lebensgeschichte heraus für sehr wichtig halten: Völkerverständigung, Friedensforschung, menschliches Zusammenleben – was sie als Kriegsgeneration erlebt und reflektiert haben, sollte nicht verloren gehen. Und natürlich ist das ein höchst wichtiger Punkt, denn für das Warnen vor kriegerischen Auseinandersetzungen oder das Verurteilen ethnischer Verfolgung gibt es kein Verfallsdatum – leider bleiben sie kontinuierlich aktuell.

Allerdings gib es bei Generativität natürlich zwei Seiten. Damit die Älteren auch wirklich geben können, muss es auch Nehmende geben. Die Jüngeren müssen interessiert sein und es müssen Gelegenheiten zur Begegnung und zum Austausch vorhanden sein. Erzählcafés sind tolle Orte dafür und es bleibt zu wünschen, dass noch viel mehr in Deutschland entstehen. Gerade die Kriegs- und Nachkriegsgeneration kann so eindrucksvoll aus anderen Zeiten berichten und Toleranz für das Unbekannte und Intoleranz gegen das Gewalttätige lehren.

Ich erinnere mich noch, wie oft mir meine Großmutter von ihrer Flucht aus Ostpreußen erzählt hat und von einem Deutschland, in dem sie als Flüchtling beschimpft worden ist. Und wie viel Mitleid und Verständnis sie daher auch für die Flüchtlinge der Gegenwart fand.

Auch viele Filme und Bücher sind Lehrbücher der Menschlichkeit, die von anderen Generationen erfahren und gelebt worden ist. Prominenz ist keine Voraussetzung, aber ebenso wenig ein Ausschlussfaktor für generatives Tun.

Von der inspirierenden Kraft Älterer –
Alice Herz-Sommer und Stéphane Hessel

Der Dokumentarfilm »The Lady in Number 6« hat im Jahr 2014 einen Oscar erhalten. Hauptdarstellerin dieses Dokumentarfilms war die 109 Jahre alte Alice Herz-Sommer, die als älteste Holocaust-Überlebende gilt. Sowohl ihre Mutter als auch ihr Ehemann kamen im KZ ums Leben. Doch trotz dieser Erschütterung war Alice Herz-Sommer zeit ihres Lebens eine großartige Pianistin und eine ausgesprochen heitere und optimistische Frau. Es geht um Lebensmut in ihren Schilderungen und um die Realität der Grausamkeit des nationalsozialistischen Regimes.

Allerdings hat Alice Herz-Sommer die bitteren Erfahrungen aus dem Nationalsozialismus nicht in ihr Herz gelassen, das zeigt der Lebenslehrfilm ebenfalls. Als der Produzent des Films den Oscar entgegennahm, erzählte er, dass jeder, der an diesem Film mitgearbeitet hatte, von Alice Herz-Sommer ermutigt war. Dazu, sein Leben optimistischer und dankbarer zu führen. »Sehen Sie sich den Film an«, appellierte er an das Publikum. »Alice Herz-Sommer wird Ihnen helfen, ein sehr viel glücklicheres Leben zu führen.«

Oder man denke an den Buch-Bestseller »Empört Euch!« – sechs Monate nach der Veröffentlichung im Jahr 2010 waren mehr als eine Million Exemplare verkauft.

Geschrieben war das Buch von dem damals 93-jährigen Stéphane Hessel, der ehemaliger Résistance-Kämpfer und außerdem ein Überlebender des Konzentrationslagers Buchenwald war. Diplomat, Lyriker und politischer Aktivist war er außerdem.

Die Botschaft des Buchs »Empört Euch!« besteht darin, engagiert zu leben. Damit gibt der Autor ein Herzensanliegen weiter, denn er hat sein Leben demgemäß geführt. Stéphane Hessel verzichtete sogar auf sein Autorenhonorar, um seinen Anspruch an das Leben erfolgreicher an die Menschen geben zu können. Und es hat geklappt, das Buch hat viel mehr Leser gefunden, als es der Verlag je angenommen hatte.

Papst Johannes XXIII. – ein revolutionäres Pontifikat

Ein sehr eindrucksvolles Beispiel für die Schlagkraft, die Ältere entwickeln können, wenn es ihnen um ein Vermächtnis an die künftigen Generationen geht, ist auch Papst Johannes XXIII. Er wurde im Jahr 1958 im Alter von 77 Jahren in sein Amt gewählt. Nicht wenige sahen ihn anfangs als Kompromisslösung an, als Übergangspapst. Wegen seines hohen Alters erwartete man nicht viel von ihm. Doch tatsächlich geschah das Gegenteil. Indem Papst Johannes XXIII. das ökumenische Konzil einberief, ebnete er der Kirche den Weg in die Moderne. Es ist sein Verdienst, die katholische Kirche für den Dialog mit Anders- und Nichtgläubigen geöffnet zu haben. In der Kubakrise 1962 zeigte er in dieser Hinsicht ein Engagement, für das ihm die Welt bis heute dankbar sein kann.

Mit der Kubakrise hatte der Kalte Krieg nämlich eine nie zuvor dagewesene Schärfe erreicht, die Gefahr eines Atomkrieges war wohl nie größer als zu diesem Zeitpunkt. Damals wandte sich der Papst mit einem Friedensappell an Kennedy und Chruschtschow, zuvor gesponnene Geheimkontakte zum Kreml bewährten sich da. »Wir flehen alle Regierenden an, vor dem Schrei der Menschheit nach Frieden nicht taub zu bleiben ... die Verhandlungen wiederaufzunehmen ... Gespräche auf allen Ebenen und zu jeder Zeit in Gang zu bringen, zu begünstigen und zu akzeptieren ist eine Regel der Weisheit und Klugheit ...« – so ein Auszug aus dem Brief des Papstes. Chruschtschow, der Regierungschef der UdSSR, bezeichnete diese Botschaft später als »den einzigen Hoffnungsschimmer«. Als Chruschtschow schließlich den Abzug der Raketen zusagte, wurde der Apell Papst Johannes' XXIII. in der russischen Tageszeitung Prawda abgedruckt.

Unter Papst Johannes XXIII. gab es alles andere als ein geruhsames Pontifikat, denn Ältere können sehr nachdrücklich sein, ist ihnen ein Anliegen wichtig. »Alte Leute sind gefährlich, sie haben keine Angst vor der Zukunft«, formulierte der irische Dramatiker George Bernhard Shaw gar einmal.

Heiner Geißler und die Frage, was der Mensch verstehen kann

Hat man erst einmal den Faden aufgenommen, wie Menschen sich gerade in höheren Lebensaltern für überindividuelle Ziele einsetzen, kommen einem doch gehörig viele Beispiele in den Sinn. Heiner Geißler war vor einigen Jahren Schlichter bei dem Bahnprojekt Stuttgart 21. Man erhoffte sich von dem damals 80-Jährigen, dass er die Gegner und Befürworter des Bahnprojekts Stuttgart 21 am runden Tisch wieder miteinander ins Gespräch bringt – seine Aufgabe nahm Geißler sehr ernst.

Über die Frage, ob der Stuttgarter Bahnhof zu einem unterirdischen Durchgangsbahnhof umgebaut werden soll, hatten sich die Fronten in der baden-württembergischen Landeshauptstadt 2010 so verhärtet, dass man eine Eskalation befürchtete. Daher gab es die Idee, zwischen Politik und Volk mit einer Schlichtung eine Brücke zu schlagen. Die Pros und Contras von Stuttgart 21 sollten öffentlich diskutiert werden, und zwar so, dass jeder Bürger sie nachvollziehen und verstehen konnte.

Wenn die Meinungen zum Demokratie-Experiment der Schlichtung auch auseinandergehen, so ist aber einzuräumen, dass sich Heiner Geißler in diesem zumindest als konsequenter Streiter für Transparenz und Einfachheit gezeigt hat. Verfielen die geladenen Experten in Expertendeutsch, wurden sie von Geißler eindringlich aufgefordert, verständlich und nicht kryptisch zu formulieren. Im Zweifelsfall wurden sie wiederholt und wiederholt ermahnt, Heiner Geißler sagte oft und unerbittlich »Das versteht kein Mensch«, bis es dann ein Mensch verstand. Er war charmant und witzig, aber gleichermaßen unbequem. Immerhin ging es ihm darum, den ganzen normalen Menschen Mitsprache in dieser Sache zu ermöglichen und eine Eskalation der Situation in Stuttgart zu verhindern.

Den Wert des eigenen Lebens sehen

Die Formen der Generativität sind sehr vielfältig, wie man an den Beispielen von Heiner Geißler, Alice Herz-Sommer, Stéphane Hessel und Papst Johannes XXIII. gesehen hat. Ohne Frage handelt es sich hier um eindrucksvolle Vermächtnisse mit großer Breitenwirksamkeit. Klar ist aber freilich auch, dass solches Tun nicht jedem offensteht. Dabei spielt die Prominenz der Aufgezählten gar nicht die einzige Rolle, grundsätzlich entscheidend ist vielmehr eine psychische Gegebenheit. Eine gewisse Grundzufriedenheit mit dem eigenen Leben ist Voraussetzung, damit man sich der Umwelt gemeinschaftlich verbunden zuwenden kann. Es braucht das Gefühl, etwas Wertvolles in sich zu tragen, um ein Vermächtnis weitergeben zu wollen.

Wohlwollen für sich selbst

Der Psychoanalytiker Erik Erikson hat neben der Generativität auch die Ich-Integrität als Entwicklungsaufgabe des reifen Erwachsenenalters gesehen, damit man ein Gefühl der Zufriedenheit am Lebensende haben kann. Ichinteger wird, wer seine Vergangenheit mit all ihren positiven und negativen Ereignissen akzeptiert. Letztlich könnte man es in der Tradition Erik Erikson vielleicht so formulieren: Man muss Liebe für sein Leben finden und für die vielen verschiedenen Aspekte des Selbst. Man muss sich selbst annehmend und wohlwollend betrachten. Dass Ältere in der Aufarbeitung ihrer Vergangenheit aber prinzipiell gute Karten haben und sich das Gedächtnis einiges leistet in Sachen Erinnerungsoptimierung, das war ja bereits Thema im Kapitel »Das autobiografische Gedächtnis. Oder: Warum die Vergangenheit nur besser werden kann«.

Die Altersforscherin Ursula Staudinger sieht den Sinn der Lebensreflexion überdies darin, dass man persönlich wächst und reift. Man kann im nachdenkenden Innehalten die Möglichkeiten des Lebens erkennen und Einsichten haben, was ein gutes Leben bedeutet. Als Experte der Vergangenheit kann man so also auch Berater für die Zukunft werden.

Natürlich rückt all dies an das Wort der Weisheit heran, von der ja auch Erik Erikson sprach. Und es stellt sich die Frage, ob hier nicht alle Fäden zusammenkommen? Weisheit als höchstes Gut und als Kompetenz von Älteren? Liegt hier nicht das größte Potenzial, um von Älteren zu lernen? Um diese Frage soll es im letzten Kapitel des Buches gehen, bei dem herauskommt: Es ist so manches anders, als man denkt.

Von Weisheit, Lebenskunst und der Liebe zum Leben

Oder: Der lange Weg zu sich selbst

Die Nachfrage ist da. Die nach Erleuchtung und Erkenntnis. Gemeint ist nicht die der Älteren, sondern eine allgemeine Nachfrage im Erwachsenenalter. Eine Sehnsucht nach Antworten auf existenzielle Fragen. Welcher Mensch ist man im Kern eigentlich? Welche Erwartungen hat man ans Leben? Wie soll es weitergehen?

Yoga, Meditation und Co. sind für manche Versuche, das Wesentliche besser zu spüren und eine andere Art von Wissen zu gewinnen. Manche machen sich auch auf längere Wege. In den letzten Jahren hat sich das Pilgern auf dem Jakobsweg zum Massenphänomen entwickelt. Sind 1978 nur 13 Personen den Jakobsweg gegangen, wandern inzwischen jährlich mehrere hunderttausend zum Grab des Heiligen Jakobus in Santiago de Compostela. Und das, obwohl die Bindung an die christliche Religion loser als damals ist.

Menschen gehen heute auch ohne religiöses Motiv auf Pilgerreise. Sie wollen Ruhe und Einkehr. Sie wollen sich selbst erleben. Ein paar Wochen das asketische Leben ausprobieren. Es ist eine Suche in dem Weniger nach Mehr. Nach dem, was bleibt, wenn man die Rollen und Aufgaben des Alltags abgelegt hat. Ich selbst habe es vor einigen Jahren in Deutschland auf einer kürzeren Strecke

ausprobiert. Unterwegs sein mit dem Rucksack, ballast-
freie Tage, an denen man seine Wünsche und Bedürfnisse
deutlicher spürt. Und es hat eine Wirkung. Es wird so
merklich, mit wie viel Unnötigem man sich sonst be-
schwert.

Doch körperliche Erschöpfung gehört ebenso dazu, in
den Muskeln und in den Gelenken. Für den Weg auf dem
Camiño de Santiago mit seinen über 700 Kilometern gilt
das umso mehr. Genau das entspricht auch altherge-
brachten Vorstellungen, nach denen Erkenntnis das Ergebnis von Anstrengung, Ausdauer und Mühe ist. Tiefe
Erfahrungen gibt es nicht geschenkt. Immerhin scheint
sich für einen Teil der Suchenden die Investition zu loh-
nen. Oft berichten Jakobsweg-Pilger, dass sie sich selbst
am Ende der Reise gefunden hätten. Sie wüssten nun viel
besser, wer sie sind.

Erkenntnisse über sich selbst

Pilgern und Altern, das hat einiges gemeinsam. Auch
beim Altern gibt es den langen Weg. Auch da sind Durch-
haltevermögen und der Umgang mit knapper werdenden
Ressourcen gefordert. Und auch da gibt es ein fortge-
schrittenes Verständnis für sich selbst. Wenn ich Gespräche über die zweite Lebenshälfte führe, höre ich regelmäßig Äußerungen wie »Heute weiß ich, mich wichtiger
zu nehmen«, »Ich kenne mich selbst« oder »Ich bin bei
mir angekommen«. Eine Freundin, die jetzt 60 Jahre alt
ist, hat es so geschildert: »Früher war ich außengesteuert.
Wie sehen mich die anderen, welche Rückmeldung er-

halte ich, das hat eine sehr große Rolle gespielt. Heute nehme ich viel mehr wahr, wie es mir mit etwas geht. Das Empfinden für mich ist ein ganz anderes geworden. Damit verbunden ist ebenfalls, dass sich meine Sicht auf mein Umfeld ändert. Ich bin milder geworden. Ja, vielleicht ist das schon die Altersweisheit?«

Den Punkt der Altersweisheit in die Waagschale zu werfen ist durchaus begründet. Dass Weisheit und Alter miteinander zu tun haben, gehört zu einer der traditionsreichsten Ansichten über das Alter überhaupt. »Ja, bei den Großvätern ist die Weisheit und der Verstand bei den Alten« – Buch Hiob 12, Vers 12.

Älteren wird in zahlreichen Kulturen auch heute noch eine besondere spirituelle Reife zugesprochen, viel Wissen ebenfalls. »Wenn ein alter Mensch stirbt, dann ist es, als ob eine ganze Bibliothek verbrennt«, sagt man in Afrika. Übersicht, Umsicht und Erfahrung, das sind weitere Gründe, warum dort Ältere nach wie vor als weise Ratgeber für die Gemeinschaft gelten. Und angesichts all dieser Aspekte stellen sich letztendlich doch ein paar Fragen: Wie steht es mit der Lebensklugheit der Älteren bei uns? Könnte die nicht wieder gesellschaftliche Bedeutung erlangen, damit sich Ältere und Jüngere so einiges ersparen? Ältere könnten Spuren bei anderen hinterlassen und Generativität einfacher leben? Und Jüngere hätten kürzere Wege zur Erkenntnis? Statt auf den Jakobsweg oder zu Yoga und Meditation ginge man zu Lebenserfahrenen in die Nachbarschaft und fragte sie nach deren Empfehlung? Die wissenschaftlichen Ergebnisse rund um Alter und Altern untermauern solche Überlegungen zusätzlich. Ältere haben so vieles findig gelöst. Mit dem »Weniger ist mehr«, mit der Rubinstein-Strategie, mit der Steigerung des Wohlbefindens durch das Geben an andere. Ach, und durch noch jede Menge weiterer Maßnahmen und Gegebenheiten.

Doch wenn es um den Punkt der Weisheit geht, schätzen gehörig viele Weisheitswissenschaftler die Lage anders ein. Es gibt Skepsis, es gibt Untersuchungen, es gibt Ansichten, nach denen Alter und Weisheit keineswegs automatisch in einem Atemzug genannt werden sollten. Der in diesem Buch oft erwähnte Gerontologe Paul Baltes nimmt dabei eine zentrale Schlüsselrolle ein. Er war auch einer der Pioniere deutscher Weisheitsforschung.

Die Vermessung der Weisheit als Aufgabe der Wissenschaft

Eines vorweg: Es ist nicht so leicht mit der wissenschaftlichen Betrachtung der Weisheit. Das hat mit dem Untersuchungsgegenstand zu tun. Wie will man Weisheit messen, fassen, definieren? Wissenschaftler finden schon bei weitaus einfacheren Sachen keinen gemeinsamen Nenner. Und so ist das wissenschaftliche Verständnis von Weisheit äußerst vielfältig – zwischen Vernunft, Wissen, Erfahrung, Erkenntnis, Intuition, Barmherzigkeit und hoher Moral wird Weisheit einsortiert. Je nach Haltung rückt man sie mehr zu dem einen oder anderen hin.

Paul Baltes hat sich als Gerontologe und Psychologe mit der Weisheit beschäftigt und mit Kollegen vom Max-Planck-Institut für Bildungsforschung eine Definition erarbeitet, die dem Faktor der Erfahrung durchaus Tribut zollt. Weisheit wird von ihm als spezielles Expertenwissen gesehen, als Lebensklugheit, die Menschen mit der Zeit erworben beziehungsweise auch gelebt haben. Ein Weiser versteht, was gutes Leben ist, und darüber hinaus, wie man es plant und gestaltet. Selbstsicherheit und soziale Fähigkeiten – beides spielt in diesem Verständnis eine Rolle.

Wissenschaft wäre nun keine Wissenschaft, wenn sie ihre Sicht der Dinge nicht auch erproben wollte. Und so legten Paul Baltes und seine Kollegen Versuchspersonen unterschiedlichen Alters hypothetische Probleme vor und fragten sie, wie sie in der jeweiligen Situation reagieren würden. Dieses Verfahren ist unter dem Namen Berliner Weisheitstest bekannt.

Eine typische Frage des Berliner Weisheitstests ist zum Beispiel, was man täte, wenn ein Freund suizidgefährdet sei. Eine andere, was man einem 14-Jährigen Mädchen raten würde, das entschieden hat, zu Hause auszuziehen.

Je differenzierter und reflektierter die Problemüberlegung eines Untersuchungsteilnehmers dann war, umso mehr Weisheit wurde ihm zugesprochen. Denn obgleich eine 14-Jährige zunächst zu jung erscheint, um nicht bei ihren Eltern zu wohnen, so können die Umstände auch einen Auszug nachhaltig begründen. Vielleicht gibt es massive Probleme mit einem Elternteil? Oder vielleicht ist eine Krankheit im Spiel? Wer solches bedenkt, der ist offensichtlich fähig, vielfältige Perspektiven in die Betrachtung einzubeziehen – und das gilt in der Denktradition Baltes als bedeutsames Weisheitskriterium.

Obwohl Wissen und Erfahrung für Paul Baltes und

seine Kollegen zwar wichtig sind, so stellen sie keine ausschließlichen Weisheitskriterien für sie dar. Einsichtsfähigkeit, strategisches Vermögen und Akzeptanz von Ungewissheiten gelten beispielsweise als ebenfalls entscheidend. Es ist ein ganzes Bündel, das Weisheit ergibt, so wie sie im Berliner Weisheitstest verstanden wird.

Der Berliner Weisheitstest im Ergebnis und in der Kritik

Inzwischen sind mehr als 2000 Interviews in der Tradition von Paul Baltes' Ansatz geführt worden. Bei ihrer Auswertung kamen die Forscher zu interessanten Erkenntnissen. So wurden die Antworten weiser, sobald die Befragten die Gelegenheit hatten, sich über die gestellten Probleme auszutauschen. Auch zeigte sich, dass die Grundlagen für die Weisheit bereits im Alter vom 14. bis zum 25. Lebensjahr gelegt werden. Dass Alter und Weisheit Hand in Hand gehen, das zeigte sich jedoch nicht.

Ursula Staudinger, deren Mentor Paul Baltes war, kam vielmehr zu dem Schluss, dass sich die Weisheitskurve ab dem Jugendalter beziehungsweise jungen Erwachsenenalter recht konstant hält. Ab einem Alter von 75 bis 80 Jahren fällt sie dann ab – zumindest wenn man Weisheit in dem Verständnis des Berliner Weisheitstests definiert. Abnehmende Flexibilität und Analytik im Durchdringen von Problemstellungen machen die Antworten bei Hochaltrigen weniger weise.

Bei einer weiteren Untersuchung bemerkten Staudinger und ihre Kollegin Charlotte Mickler schon Unterschiede zwischen 20- bis 40-Jährigen und 60- bis 80-Jährigen. Während die beiden Altersgruppen gleichauf lagen, was die allgemeine Weisheit betraf, so stellte sich die ältere Gruppe als nicht so kompetent dar, was die Weisheit für die eigene Lebensführung anbelangte.

Gerne anderen guten Rat geben, aber für sich selbst diesen nicht umsetzen – in die Richtung deuten die Forschungsergebnisse. Warum das bei der älteren Gruppe so war? Eine Überlegung ist, dass bei ihnen die Offenheit für Lebensveränderungen abnimmt. Eine andere bezieht sich generell kritisch auf den Berliner Weisheitstest, der eine sehr spezielle Herangehensweise an das Thema Weisheit verfolge.

Der Berliner Weisheitstest würde sich allzu stark auf Abwägungen und Einschätzungen stützen, sagen die Kritiker. Er würde die emotionale Seite vernachlässigen. Und es wäre durchaus fraglich, ob Gedanken zu hypothetischen Lebensproblemen wirkliche Weisheitsbeweise sind. Es lässt sich ja vieles reflektieren, solange man nicht direkt betroffen ist von einem Problem. Doch letztendlich kommt es darauf an, wie Menschen in realen und akuten Situationen handeln.

Wie reagiert man, wenn ein Freund tatsächlich im Begriff ist, Suizid zu begehen? Und was sagt man, würde das 14-jährige Mädchen mit gepackten Koffern vor einem stehen und erklären, jetzt von zu Hause auszuziehen? Womöglich ist man mit ihr verwandt und völlig überrollt ob der Neuigkeiten. Kann man da dann immer noch verschiedene Perspektiven einnehmen und die Sache differenziert und kühl sehen? Hat es nicht seinen Grund, dass gerade in emotional angespannten Konstellationen Ältere typischerweise als Vermittler, Mediatoren oder Schlichter herangezogen werden?

Weil all diese Fragen ihre Berechtigung haben, haben sich in der Forschung auch alternative Eingrenzungsversuche von Weisheit entwickelt. Es findet sich zum Beispiel ein Forschungszweig, der sich am Alltag orientiert. Wissenschaftler dieser Linie versuchen dem Verständnis von Weisheit auf die Schliche zu kommen, wie es in der Bevölkerung verbreitet ist. Dafür fragen sie dort nach, wer gemeinhin für weise gehalten wird, und versuchen daraus Gesetzmäßigkeiten abzuleiten.

Doch auch bei diesen Forschungen zeigt sich, dass hohes Alter nicht das entscheidende Kriterium für eine Weisheitszuschreibung ist. Eher spielen die moralischen Qualitäten eine Rolle. Als US-amerikanische Studenten befragt wurden, wen sie für weise halten, kam folgende Weisheits-Top-Ten heraus: Gandhi, Konfuzius, Jesus Christus, Martin Luther King, Sokrates, Mutter Teresa, Salomon, Buddha, der Papst und Oprah Winfrey. Auffällig ist zudem, dass sehr häufig auch eine leidvolle Lebensgeschichte mit Weisheit verbunden wird. Und auch aus der Wissenschaft gibt es Hinweise darauf.

Leid und die Entwicklung von Weisheit

Zu der Annahme, dass die Überwindung von Leid eine weisheitsfördernde Komponente sei, gibt es eine spannende Untersuchung. Für eine Langzeitstudie wurden Personen analysiert, die die Wirtschaftskrise der 1930er-Jahre als junge Menschen erlebt haben. Als diese beinah

40 Jahre später interviewt wurden, fielen sie durch besonders lebenskluge Antworten auf. Ebenfalls waren bei ihnen die menschliche Wärme und das Mitgefühl überdurchschnittlich ausgeprägt.

Leonardo da Vinci hat vor über 500 Jahren diagnostiziert: »Wo viel Gefühl ist, ist auch viel Leid.« Die amerikanische Soziologie-Professorin Monika Ardelt, die die oben genannte Studie betreut hat, könnte da sehr gut ergänzen: »Und viel Weisheit findet sich überdies.« Ardelt sieht Weisheit nämlich insbesondere durch Verständnis und Liebe geprägt an – Weisheit basiere auf Erleben und nicht auf Verstehen. Das ist freilich eine konträre Sichtweise zum Berliner Weisheitstest, der die distanziert-sachliche Auseinandersetzung bewertet. Aber das ist eben der Stand der Dinge bei der wissenschaftlichen Untersuchung von Weisheit – dass der Untersuchungsgegenstand so eine Spannweite abdeckt.

Dass schwierige Lebensereignisse weisheitsfördernde Wirkung haben, diese Ansicht teilen auch weitere Forscher. Für sie sind es gerade nicht die fröhlich-glücklichen Menschen, die Weisheitspotenzial besitzen, sondern die, die eine Vielzahl von Emotionen erfahren haben und immer noch erfahren. Nicht zuletzt kann man dazu an Sokrates denken, dem als antiken Denker allen anderen voran Weisheit zugesprochen wird. Gerade er war mit Xanthippe verheiratet, die als Inbegriff der zänkischen Frau gilt. Seine Frau konnte Sokrates nicht ändern, ansonsten unterstützte er andere Menschen dabei, ein besseres Leben zu führen.

Einfühlen in das Leid anderer, weil man das Leid selbst kennt – Benjamin Franklin, der nordamerikanische Staatsmann, hat es im Kern eigentlich schon im vorvorletzten Jahrhundert vermutet: »Nach Leiden und Verlusten werden die Menschen bescheidener und weiser.«

Allerdings entgegnet die Weisheitsforscherin Ursula Staudinger, dass das Erleben von Unglück allein keine weisheitsfördernde Wirkung habe. Vielmehr müssten Menschen auch bereit sein, sich mit den Problemen auseinanderzusetzen, um daran zu wachsen. Das Alter brächte zwar in den Bereichen Gelassenheit, emotionale Stabilität, Erfahrung, Zuverlässigkeit und soziale Verträglichkeit Gewinne, so Staudinger, aber damit stellten sich leider nicht automatisch die Vorzeichen auf Weisheit ein. Es gäbe sogar einiges, was gerade im Alter eine Weisheitsentwicklung verhindere. Ursula Staudinger nennt hier den Wunsch nach Wohlbefinden, der mit kürzerer Lebenserwartung weitere Dringlichkeit erhält. Der steht aber einer schmerzenden Auseinandersetzung mit schwierigen Lebensumständen entgegen.

Weisheit als Gegenpol zu Wohlbefinden – ob dem so ist, das steht und fällt natürlich auch hier wieder mit der Definition dessen, was man unter Weisheit versteht. Erschöpft ist mit diesen aufgeführten Ansätzen das Potpourri an Weisheitsdefinitionen übrigens nicht. Beispielsweise gibt es noch den Zugang der Psychologin Judith Glück von der Alpen-Adria Universität in Klagenfurt. Diese hat zahlreiche Studien geleitet, die einen autobiografischen Ansatz verfolgen. Wohlbefinden ist in diesen Studien nun nicht das, was Weisheit entgegensteht, sondern genau das, was durch sie erwirkt wird.

Von der Relativität der Weisheit

In dem autobiografischen Ansatz von Judith Glück werden Personen gefragt, welche eigenen Lebensentscheidungen sie als weise einstufen. Und in der Regel werden Situationen beschrieben, in denen Menschen einen für sich nicht befriedigenden Zustand beendet haben. Eine befragte 17-jährige Schülerin hat beispielsweise als weisen Entschluss genannt, dass sie eine angehende Karriere als Ballerina abgebrochen hat, weil die strengen Gewichtsvorgaben bei ihr zu Essstörungen führten. Eine 37-jährige Frau nannte die Trennung von ihrem Mann. Ein 62-jähriger Mann schilderte, wie er seine Tochter beruhigen konnte, als diese vor einer wichtigen Präsentation in Panik verfallen war. Er schätzte es als weise ein, dass er ihr von eigenen Erfahrungen erzählt und ihr Mut für den Auftritt gegeben hatte.

Auch an diesem Ansatz gibt es Kritik, denn es ist fraglich, was man aus einer Selbsteinschätzung ableiten kann. Wie kann man zu einer Definition der Weisheit kommen, wenn subjektiv Lebensentscheidungen als weise etikettiert werden? Und überhaupt, was wäre gewesen, hätte der Befragte in der Situation anders gehandelt? War die getroffene Option wirklich die denkbar beste? Erstens weiß man nichts über die Wirkung alternativer Wege und zweitens ist sowieso alles eine Sache der Deutung.

Xanthippe, die Frau des antiken Philosophen Sokrates, soll den Erzählungen nach ihren Mann nicht nur mit bösen Worten, sondern im Streit auch schon mal mit dem Inhalt des Nachttopfes übergossen haben. Eine unweise Entscheidung, sie geheiratet zu haben? Sokrates hat zumindest niemand von einer Ehe abgeraten, vielmehr sagte er: »Heirate auf jeden Fall! Wenn du eine gute Frau bekommst, wirst du glücklich. Wenn du eine schlechte Frau bekommst, wirst du Philosoph, und auch das ist für einen Mann von Nutzen.« Es ist eben alles relativ – vermutlich kann man so den Diskurs rund um Weisheit treffend zusammenfassen. Und was gibt es also daraus zu lernen? Vielleicht am ehesten, sich einen anderen Zugang zu suchen und die Erkenntnisse des wissenschaftlichen Diskurses unter interessante Lebensweisheit abzuheften.

Wie wäre es mit Lebenskunst?

Mir geht es so, dass ich nach der wissenschaftlichen Betrachtung die Weisheit fast gar nicht mehr fassen kann. Weil sie so abstrakt, so theoretisch und enthoben erscheint. Es gibt einen weitverbreiteten Spruch, der die Untersuchung von Humor so einschätzt: »Humor zu analysieren, das ist wie das Sezieren eines Frosches. Niemand tut es gern und am Ende ist der Gegenstand der Analyse tot.« Ist es nicht ein Stück weit auch bei der Weisheitswissenschaft so? Dass so wenig Lebendiges von Weisheit übrig bleibt, nachdem die Wissenschaft sie auseinandergenommen hat. Klar gibt es interessante Einzelaspekte. Aber was fangen wir mit ihnen an?

Wenn ich an meine Großmutter denke, glaube ich nicht, dass sie im Berliner Weisheitstest gut abgeschnitten hätte. Nicht, weil sie keine Lebensklugheit besessen hat. Aber es hätte ihr bestimmt an einem persönlichen Bezug gefehlt bei den hypothetischen Problemen. Gewiss wäre sie in der Laborsituation auch aufgeregt gewesen – der Umgang mit Akademikern und Tests gehörte nicht zu ihrem Erfahrungsraum. Zudem sind meine Erinnerungen an sie weder primär noch sekundär mit dozierenden Monologen verbunden. Nein, mir fallen da vor allem Fragen ein, die sie stellte und die bislang unbedachte Aspekte in den Fokus gerückt haben.

Bis heute schätze ich bei Lebensproblemen genau diese zurückgenommene Art Älterer. Sie kommt oft so viel bescheidener daher als die der Jüngeren – und das obgleich die gelebten Jahre ja für eine erprobte Kompetenz in der Problembewältigung stehen. Eine Freundin von mir, die zwei Jahrzehnte älter ist, sagt gerne »Ich weiß, dass du das gut hinbekommen wirst, Melanie«, um mir dann von ihren diesbezüglichen Erlebnissen zu erzählen. Das hat nichts von Belehrung, sondern von Teilhabe an Erfahrung, die ein eigenes Nachdenken anstoßen können.

Zurückgenommenheit als Lebenshilfe – wenn man nun nach einem Zugang dieser Richtung schaut, landet man wieder bei Sokrates und der antiken Philosophie. Sokrates begegnet einem wirklich oft in Sachen Weisheit und was das Thema umgibt. Sich selbst hätte Sokrates nie als weise bezeichnet. Und er hätte auch nicht beansprucht, anderen sagen zu können, was richtig und was falsch sei. Vielmehr war er überzeugt, dass jeder nur seine eigenen Antworten finden kann. Fragen und Anmerkungen würden jedoch helfen und zu neuen Überlegungen anregen, diese Rolle gestand sich Sokrates immerhin zu.

Menschen dabei unterstützen, das Bestehende zu hinterfragen, um Lebensmöglichkeiten zu erschließen, darum ging es Sokrates. Und ich denke, darum ging es auch meiner Großmutter einstmals auf ihre bescheidene Art und Weise.

In der antiken Philosophie wurde das, was Sokrates postulierte, Lebenskunst genannt. Die Reflexion, das Innehalten, das Veränderung möglich macht. Allerdings stellt sich die Frage, ob die intensive Beschäftigung mit sich selbst nicht eigentlich eitel ist und genau das Gegenteil von Bescheidenheit? Nicht im Verständnis von Sokrates. Für ihn hatte es nichts mit Egozentrik zu tun, sich in den Fokus zu rücken. Vielmehr mit Verantwortung, denn nach Sokrates muss man sich zunächst selbst verstehen, ehe man für andere tätig werden kann. Selbstkritik und Arbeit an sich galten ihm als Grundvoraussetzung für ein funktionierendes Gemeinwesen, weil sich alles von der individuellen Ebene nach oben fortsetzt und dort weiterwirkt.

Wenn die wissenschaftliche Betrachtung der Weisheit lebenspraktische Konkretheit nimmt, so erhält sie durch Sokrates doch erheblich an fassbarer Lebendigkeit zurück. Vermutlich gerade dadurch, dass Sokrates überhaupt nicht versucht, die Weisheit dingfest zu machen. Für ihn existierte sie nur als erstrebenswertes Ideal. Philosophie heißt wörtlich übersetzt »Liebe zur Weisheit«, das macht das Ansinnen der antiken Philosophen offenbar. Die höchste Wahrheit konnte man zwar verehren, jedoch nicht besitzen. Das war nur bei der Lebenskunst möglich, bei der es um die konkrete Lebensbewältigung ging.

So langsam schließt sich hier der Kreis wieder zu den Älteren hin. Denn eine ganz große Leistung ihrer ist ja darin zu sehen, dass sie zeigen, wie Lebensgestaltung selbst bei Abbau und Verlusten gelingen kann. Wenn das nun Lebenskunst statt Weisheit ist, ist das aber ja nicht weiter schlimm! Lieber das Leben leben als abstrakt weise sein.

Auch die Sehnsucht der Jüngeren ist heute lebendig und konkret, ihre Suche nach Antworten auf existenzielle Fragen – beim Pilgern, bei fernöstlichen Praktiken oder bei spiritueller Versenkung. Prinzipiell hätte es Sokrates gewiss gemocht, dass Menschen ihre Lebensselbstverständlichkeiten auch im 21. Jahrhundert immer noch kritisch überprüfen und neue Möglichkeiten entdecken wollen. Verwundert hätte ihn ungleich wohl, dass Menschen auf der Suche nach einem besseren Leben auf den Jakobsweg gehen.

Sokrates war weder ein Freund des Ländlichen noch einer des Laufens. Er war ein Freund des Dialogs, speziell des von ihm praktizierten »sokratischen Dialogs«. In dieser Form des Zwiegesprächs klopft man die eigenen Gedanken auf ihre Logik und Widerspruchslosigkeit ab. An den Fragen und Gegenfragen des Gegenübers reibt man sich und entdeckt bislang nicht Bedachtes. Also in etwa so, wie wir es in diesem Buch mit dem Nachdenken über das Alter getan haben.

Im Zwiegespräch mit dem Alter neue Wege sehen

Sokrates galt ein Leben, über das man nicht nachdenkt, als nicht lebenswert. Wenn jemand im Hamsterrad nur strampelt, ohne links und rechts nach Chancen und Alternativen zu sehen, hätte Sokrates es als verpasstes Leben eingestuft. Aber, wie gesagt, die Auseinandersetzung mit dem Alter steht dem Einfach-Weitermachen auf vielfältige Weise entgegen.

Als ich vor ein paar Seiten beschrieben habe, wie ich den Austausch mit älteren Freunden schätze, war zu lesen:»Das hat nichts von Belehrung, sondern von Teilhabe an Erfahrung, die ein eigenes Nachdenken anstoßen.« Oder die Stelle im Kapitel »Die große Befreiung – Mit weniger Relikten der Vergangenheit die Zukunft leben«, an der steht:»Das, was mich an Interviews mit lebenserfahrenen Menschen immer wieder beeindruckt, ist, dass sie so viele Fragen fürs eigene Leben anstoßen.« Und im Kapitel »Das Leben ist keine Insel – Vom Wert und Gewinn des Gebens und Nehmens« wurde es existenziell bedeutend von den Überlegungen her: »›Was habe ich in meinem Leben erreicht?‹ und ›Was bleibt von meinem Dasein?‹. Fragen dieser Art entstehen, wenn die Zukunft kürzer ist als die Vergangenheit.«

Auf vielfältige Weise sind es gute Gedanken, die durch die Auseinandersetzung mit dem Altern entstehen. Auch die Thematik der Endlichkeit wird hierbei berührt. Schon die antiken Philosophen sahen die Kunst des Sterbens (Ars moriendi) als Bestandteil der Lebenskunst an (Ars vivendi) – sie waren überzeugt, dass man das Leben nur in seinen Möglichkeiten ausschöpfen würde, wenn man die Begrenztheit des Daseins mitbedenkt. Und moderne Denker sehen das ebenso, das wurde in diesem Buch schon dargestellt.

Wenn also zu Beginn dieses Kapitels gefragt worden ist, ob Jüngere ihren Weg zur Erkenntnis abkürzen können, indem sie auf die Weisheit der Lebenserfahrenen zurückgreifen, so bleibt zu sagen: Nun, die weisen Pauschalant-

worten gibt es leider nicht. Aber es gibt wertvolle Inspirationen und es wäre ein gegenseitiger Gewinn, wenn sich
Jung und Alt im Austausch bereichern. Denn im Dialog
gibt es das, woran man wachsen kann. Nutzen haben da
letztlich beide Seiten.

Lebenskunst zum Ausprobieren:
Alles, nur kein ungelebtes Leben

Irvin Yalom ist einer der weltweit bekanntesten Psycho-
therapeuten. Seine Lehrbücher sind Klassiker, sein Roman »Und Nietzsche weinte« war ein Weltbestseller. Inzwischen gibt es auch einen Film über ihn. Seinen Ruhm
nimmt Yalom bescheiden hin, er betont regelmäßig, dass
er eigentlich nur das tut, was Sokrates schon vor 24 Jahr-
hunderten getan hat. Menschen helfen, ihr Leben lebenswert zu gestalten. Die Erkenntnis der eigenen Endlichkeit
hält Yalom dabei für eine entscheidende Kompetenz für
ein gelingendes Leben.

Wenn es Patienten schwerfällt, in existenzielle Fragen
einzutauchen, stößt Irvin Yalom sie mit der Nase darauf,
indem er sie das eigene Leben als Linie zeichnen lässt.
Anschließend müssen die Patienten verorten, wo sie sich
gerade befinden, wie weit sie sich vom Tode entfernt sehen. »Die Übung zeigt den Leuten, dass der Tod eines
Tages auch sie heimsuchen wird«, sagte Irvin Yalom in
einem Fernsehinterview. »Dafür gibt es einen Zeitplan.«

Das eigene Leben als Linie zu sehen und den Tod als
klaren und gar nicht mehr so weit entfernten Endpunkt
zu erkennen, das kann als enormer Wachrüttler wirken,

erklärt Yalom, und genau das möchte er erwirken. Es ist das ungelebte Leben, das es zu vermeiden gilt. Ein Leben, das Reue produziert, weil das Wesentliche nicht stattgefunden hat.

Yalom sieht sich selbst in der Tradition Sokrates'. Aber gewiss trifft auch der römische Philosoph Seneca gut, worum es Yalom bei seiner Arbeit geht: »Ein kleiner Teil des Lebens ist es, während dessen wir leben. Die übrige Spanne insgesamt allerdings ist nicht Leben, sondern einfach Zeit.« Doch das Erkennen der eigenen Endlichkeit lässt vieles anders wirken und so findet man die wahren Lebenskünstler eben dort, wo genau dieses Bewusstsein geschärft ist. »Niemand liebt das Leben so«, sagt Seneca, »wie einer, der alt wird.«

Ein Dankeschön

Eins weiß ich genau: Dieser Dank wird unvollständig bleiben. Dafür haben mir zu viele Menschen freiwillig oder unfreiwillig Inspirationen gegeben. Die Damen im Café, die über das fabelhafte Leben ohne Brille gescherzt haben, oder der 45-Jährige, der gemutmaßt hat, dass die Stärken des Alters höchstens einen Flyer füllen könnten. Ein allgemeiner Dank an alle auf diesem Wege – die besten Geschichten sind einfach die, die das Leben schreibt.

Meine Großeltern haben mit ihren Erfahrungen natürlich unendlich viel beigesteuert für dieses Buch. Auf direktem Wege kann ich mich leider nicht an sie wenden, da beide nicht mehr am Leben sind. Aber erinnern will ich an sie und an ihre Hilfe, an Edeltraud und Günter Schölzke.

Dann gibt es jemanden, der wohl wie kein anderer in meinem Leben für das Zitat des amerikanischen Philosophen Ralph Waldo Emerson steht: »Wen wir am dringendsten brauchen, ist jemand, der uns dazu bringt, das zu tun, wozu wir fähig sind.« Vielen Dank H.E. für die Ermutigungen.

Rainer Hampp war mein erster Arbeitgeber – als Verleger und Verlagsbesitzer bezeichnet er sich ja auch gerne als Buchmacher. So sind Buchmacher wirklich großartig.

Ihm und seiner Frau Rita einen tiefen Dank für die Gespräche und für die Zeit, die sie sich genommen haben. Und für das wertvolle Wissen.

Einen wunderbaren Interviewtag habe ich mit den Babyboomern verbracht. Eure Überlegungen waren bereichernd, geistreich und charmant. Herzlichen Dank an Frank Bossert, Christina Haug, Ute und Michael Müller-Ridinger, Rupert Prestel, Elisabeth Scherer, Magdalena Scherer und Hans Stein.

Liebe Silke Burkhardt, hätte nur die Zeit gereicht, hätte ich dir liebend gern noch mehr aus diesem Buch zum Testlesen gegeben. Deine Anmerkungen waren toll und deinem Auge entgeht nichts. Danke für deine Unterstützung.

Zu guter Letzt, aber keineswegs an letzter Stelle, möchte ich meiner Lektorin Imke Rötger für ihr Vertrauen und ihr Engagement danken. Toll, wenn jemand die Begeisterung für ein Thema teilt. Es schenkt den Rückenwind, der manchmal so notwendig ist.

Literaturverzeichnis

Backes, Gertrud und Clemens, Wolfgang (2008): Lebensphase Alter. Eine Einführung in die sozialwissenschaftliche Alternsforschung. Weinheim: Beltz Juventa.

Baltes, Margret und Carstensen, Laura (1996): Gutes Leben im Alter: Überlegungen zu einem prozessorientierten Meta-Modell des Alterns. Psychologische Rundschau, 47, S. 199–215.

Baltes, Paul (Interview 2002): Erfolgreiches Altern. In: GEO 08/2002. Hamburg: G + J Wissen.

Barclay, Laurie und Skarlicki, Daniel: Healing the wounds of organizational injustice: Examining the benefits of expressive writing. Journal of Applied Psychology 2009, 94(2), S. 511–523.

Begemann, Verena; Berthold, Daniel und Hillmann, Manfred (2013): Sterben und Gelassenheit: Von der Kunst, den Tod ins Leben zu lassen. Göttingen: Vandenhoeck & Ruprecht.

Berk, Laura E. (2011): Entwicklungspsychologie. Hallbergmoos: Pearson Deutschland.

Brandtstädter, Jochen (2006): Das flexible Selbst: Selbstentwicklung zwischen Zielbindung und Ablösung. Heidelberg: Spektrum Akademischer Verlag.

Bundeszentrale für politische Bildung (Hrsg.) (2000): Aus

Politik und Zeitgeschichte – Jugend in Deutschland. Bonn: Bundeszentrale für politische Bildung.

Deutscher Bundestag (2010): Sechster Bericht zur Lage der älteren Generation in der Bundesrepublik Deutschland – Altersbilder in der Gesellschaft und Stellungnahme der Bundesregierung, BTDrs. 17/3815, Berlin.

Dworschak, Bernd; Buck, Hartmut; Nübel, Liselotte und Weiß, Maren (2012): Innovationsfähigkeit im demografischen Wandel. Stuttgart: Stuttgart Fraunhofer IAO.

Erikson, Erik (1998): Der vollständige Lebenszyklus. Frankfurt am Main: Suhrkamp-Taschenbuch Wissenschaft.

Filipp, Sigrun-Heide und Mayer, Anne-Kathrin (2005): Zur Bedeutung von Altersstereotypen. Aus Politik und Zeitgeschichte, 49/2005, S. 25–31.

Fletcher, Ben C. und Pine, Karen J. (2012): Flex: Do Something Different. Hatfield: University of Hertfordshire Press.

Foucault, Michel (Interview, 1983): Zur Genealogie der Ethik. In: Dreyfus, Hubert L. und Rabinow, Paul (1994): Michel Foucault. Jenseits von Strukturalismus und Hermeneutik. Weinheim: Beltz Athenäum, S. 265–292.

Fowler, James H. and Christakis, Nicholas A. (2008): Dynamic spread of happiness in a large social network: longitudinal analysis over 20 years in the Framingham Heart Study. British Medical Journal 337, no. a2338, S. 1–9.

Freund, Alexandra und Baltes, Paul (1998): Selection, optimization, and compensation as strategies of life-management: Correlations with subjective indicators of successful aging. Psychology & Aging, 13, S. 531–543.

Freund, Alexandra und Baltes, Paul (2002): Life-management strategies of selection, optimization, and compensation: Measurement by self-report and construct validity. Journal of Personality & Social Psychology, 82, S. 642–662.

Fuchs-Heinritz, Werner (2000): Biographische Forschung: Eine Einführung in Praxis und Methoden. Wiesbaden: VS Verlag für Sozialwissenschaften.

Glück, Judith; Bluck, Susan; Baron, Jacqueline und McAdams, Dan P. (2005): The wisdom of experience: Autobiographical narratives across adulthood. International Journal of Behavioral Development, 29, S. 197–208.

Gottman, John und Silver, Nan (2014): Die Vermessung der Liebe: Vertrauen und Betrug in Paarbeziehungen. Stuttgart: Klett-Cotta.

Hermann, Marie-Luise (2006): Erzählen im Alter. Eine Exploration aktueller Forschung. (Berichte aus der Abteilung Klinische Psychologie Nr. 55). Zürich: Universität Psychologisches Institut, Abt. Klinische Psychologie.

Herschbach, Peter (2002): Das »Zufriedenheitsparadox« in der Lebensqualitätsforschung – wovon hängt unser Wohlbefinden ab? Psychotherapie – Psychosomatik – medizinische Psychologie, 52, S. 141–150.

Herschkowitz, Norbert und Chapman-Herschkowitz, Elinore (2006): Lebensklug und kreativ: Was unser Gehirn leistet, wenn wir älter werden. Freiburg: Herder.

Hirt, Rainer (2003): Biografiearbeit zwischen Erinnerung und Therapie. Jena: Fachbereich Sozialwesen, Fachhochschule Jena.

Hittenberger, Birgit (2013): Das kollektive Gedächtnis laut Maurice Halbwachs anhand des Romans von Élie Wiesel »L'oublié«. München: Grin Verlag.

Höpflinger, François (2002): Generativität im höheren Lebensalter. Generationensoziologische Überlegungen zu einem alten Thema. In: Zeitschrift für Gerontologie und Geriatrie, August 2002, Volume 35, Issue 4, S. 328–334.

Horn, Andrea und Mehl, Matthias (2004): Expressives Schreiben als Copingtechnik: Ein Überblick über den Stand der Forschung. In: Verhaltenstherapie 14 (4), S. 274–283.

Irle, Mathias (2009): Älterwerden für Anfänger. Reinbek: Rowohlt.

Jopp, Daniela S.; Rott, Christoph; Boerner, Kathrin; Boch, Katrin und Kruse, Andreas (2013): Zweite Heidelberger Hundertjährigen-Studie: Herausforderungen und Stärken des Lebens mit 100 Jahren. Stuttgart: Robert Bosch Stiftung.

Kruse, Andreas (2007): Was stimmt? Alter – Die wichtigsten Antworten. Freiburg: Herder.

Kruse, Andreas und Schmitt, Eric (2012): Bildung im Dialog der Generationen. In ZEP : Zeitschrift für internationale Bildungsforschung und Entwicklungspädagogik, 35, S. 9–14.

Kruse, Andreas und Wahl, Hans-Werner (2010): Zukunft Altern: Individuelle und gesellschaftliche Weichenstellungen. Heidelberg: Spektrum Akademischer Verlag.

Lang, Frieder (2000): Endings and continuity of social relationships: Maximizing intrinsic benefits within personal networks when feeling near to death. In: Journal of Social and Personal Relationships, April 2000, Vol. 17 no. 2, S. 155–182.

Lang, Frieder; Martin, Mike und Pinquart, Martin (2012): Entwicklungspsychologie – Erwachsenenalter. Göttingen: Hogrefe-Verlag.

Lehr, Ursula (2006): Psychologie des Alterns. Wiebelsheim: Quelle & Meyer Verlag.

Leist, Anja (2008): Autobiographisches Erinnern kritischer Lebensereignisse. Die Stiftung von Kohärenz im Lebensrückblick. Trier: Universität Trier.

Levenson, Robert; Carstensen, Laura und Gottman, John (1993): Long-term marriage: Age, gender, and satisfaction. Psychology and Aging, 8(2), S. 301–313.

Lyubomirsky, Sonja; Sheldon, Kennon M. und Schkade, David (2005): Pursuing happiness: The architecture of sustainable change. Review of General Psychology, Vol. 9(2), Juni 2005, S. 111–131.

Markowitsch, Hans J. und Welzer, Harald (2006): Das autobiographische Gedächtnis. Hirnorganische Grundlagen und biosoziale Entwicklung. Stuttgart: Klett-Cotta.

Mickler, Charlotte und Staudinger, Ursula (2008): Personal wisdom: Validation and age-related differences of a performance measure. Psychology and Aging, 23(4), S. 787–799.

Mietzel, Gerd (2012): Entwicklung im Erwachsenenalter. Göttingen: Hogrefe-Verlag.

Mutran, Elisabeth J.; Reitzes, Donald C. und Fernandez, Maria E. (1997): Factors that influence attitudes toward retirement. Research on Aging 19, S. 251–273.

Newsom, Jason T.; Mahan, Tyrae L.; Rook, Karen S. und

Krause, Neal (2008): Stable negative social exchanges and health. Health Psychology, 27, S. 78–86.

Pennebaker, James und Stone, Lori (2003): Words of wisdom: Language use over the lifespan. Journal of Personality and Social Psychology, 85, S. 291–301.

Pennebaker, James (2009): Heilung durch Schreiben. Ein Arbeitsbuch zur Selbsthilfe. Bern: Huber.

Psychologie Heute Compact (2008): Älterwerden – Lebenskunst für Fortgeschrittene. Weinheim: Beltz.

Pulkkinen, Lea (2006): The Jyväskylä Longitudinal Study of Personality and Social Development. Cambridge: Cambridge University Press.

Quoidbach, Jordi und Ross Dunn, Elizabeth (2013): Give it up: A strategy for combatting hedonic adaptation. In: Social Psychological and Personality Science, 4, S. 563–568.

Raabe, Kristin (2010): Oma Hilde, Sokrates und der Dalai Lama. Was wir von weisen Menschen lernen können. Hamburg: Hoffmann und Campe.

Raffelhüschen, Bernd und Köcher, Renate (2013): Deutsche Post Glücksatlas 2013. München: Albrecht Knaus Verlag.

Rosa, Hartmut (2012): Weltbeziehungen im Zeitalter der Beschleunigung. Umrisse einer neuen Gesellschaftskritik. Berlin: Suhrkamp.

Ruch, Willibald; Proyer, Rene und Weber, Marco (2010): Humor as a character strength among the elderly: Empirical findings on age-related changes and its contribution to satisfaction with life. Zeitschrift für Gerontologie und Geriatrie, 43(1), S. 13–18.

Ruffing, Reiner (2010): Philosophenzeit: Übungen zur Lebenskunst. Gütersloh: Gütersloher Verlagshaus.

Soto, Christopher J. (2014): Is Happiness Good for Your Personality? Concurrent and Prospective Relations of the Big Five with Subjective Well-Being. Journal of personality.

Specht, Jule; Egloff, Boris und Schmukle, Stefan C. (2012): Everything Under Control? The Effects of Age, Gender, and Education on Trajectories of Perceived Control in a Nationally Representative German Sample. Developmental Psychology, 49, S. 353–364.

Staudinger, Ursula (Interview, 2013): Weisheit hat nichts mit dem Alter zu tun. In: ZeitCampus, 06/2013, S. 28–29.

Sternberg, Robert J.; Linda Jarvin und Elena L. Grigorenko (2010): Explorations in Giftedness. Cambridge: Cambridge University Press.

Wadhwa, Vivek; Holly, Krisztina; Aggarwal, Raj und Salkever, Alex (2009): Anatomy of an Entrepreneur: Family Background and Motivation. Kauffman Foundation Small Research Projects Research.

Wahl, Hans-Werner; Diehl, Manfred; Kruse, Andreas; Lang, Frieder und Martin, Mike (2008): Psychologische Alternsforschung: Beiträge und Perspektiven. Psychologische Rundschau, 59, S. 2–23.

Ware, Bronnie (2013): 5 Dinge, die Sterbende am meisten bereuen: Einsichten, die Ihr Leben verändern werden. München: Arkana.

Weber, Max (1917/1922): Wissenschaft als Beruf/Vortrag.

Welzer, Harald (2002): Das kommunikative Gedächtnis. Eine Theorie der Erinnerung. München: C. H. Beck Verlag.

Wiseman, Richard (2008): Auf der Suche nach dem lustigsten Witz der Welt. Untersuchungen zur Psychologie des Lachens. In: Gehirn und Geist, 4/2008, S. 28–33.

Yalom, Irvin: Irvin Yalom – Psychotherapeut aus Leidenschaft (2014), TV-Interview. In: Sternstunde Philosophie. SRF-Sendung vom 5. Oktober 2014 (etwa 59 Minuten).

Zittlau, Jörg (2013): Langweiler leben länger: Über die wahren Ursachen eines langen Lebens. Gütersloh: Gütersloher Verlagshaus.